农村土地利用的规范构造

滕佳一 著

湘潭大学出版社
XIANGTAN UNIVERSITY PRESS

图书在版编目（CIP）数据

农村土地利用的规范构造 / 滕佳一著. -- 湘潭 : 湘潭大学出版社, 2022.8
ISBN 978-7-5687-0882-1

Ⅰ. ①农… Ⅱ. ①滕… Ⅲ. ①农村－土地法－研究－中国 Ⅳ. ①D922.324

中国版本图书馆 CIP 数据核字 (2022) 第 176455 号

农村土地利用的规范构造

NONGCUN TUDI LIYONG DE GUIFAN GOUZAO

滕佳一 著

责任编辑：黄 琼
封面设计：李 平
出版发行：湘潭大学出版社
社 址：湖南省湘潭大学工程训练大楼
电 话：0731-58298960 0731-58298966（传真）
邮 编：411105
网 址：http://press.xtu.edu.cn/
印 刷：长沙鸿和印务有限公司
经 销：湖南省新华书店
开 本：710 mm×1000 mm 1/16
印 张：12.75
字 数：211 千字
版 次：2022 年 8 月第 1 版
印 次：2022 年 8 月第 1 次印刷
书 号：ISBN 978-7-5687-0882-1
定 价：48.00 元

献给我的父母

序 言

我国农村土地在法律上的利用关系，是改革开放后土地制度方面公私混合立法的重点。2002年《中华人民共和国农村土地承包法》包含大量私法规范，以积极实现中央关于农村土地制度改革的具体政策目标，在法律位阶上当属特别私法。2007年《中华人民共和国物权法》明确规定土地承包经营权是一种不动产物权，这对于农村承包地法律关系的界定和农民土地权利的保护，均具重要意义。2020年5月28日颁布并于次年元旦生效的《中华人民共和国民法典》，在农村土地利用上一方面继续确认《物权法》规定的农村基本经营制度和农地二元承包模式，另一方面吸收农地"三权分置"改革成果，增加了"土地经营权"的内容（第339、340条），回应我国农地利用上的新情况、新需求。

佳一是我指导的硕士研究生，后来在意大利罗马第二大学法学院取得法学博士学位。这些年他持续关注我国土地物权的发展和变革，融合规范与实践并作出自己独特的思考，形成了目前这本专著。在本书中，作者不仅深入探讨集体土地上的土地承包关系和农村宅基地使用权的内在法律构造，还从法律体系协调方面阐述了作为民事基本法的《中华人民共和国民法典》与《中华人民共和国农村土地承包法》等特别私法之间的适用及解释问题。可以说，作者从事的这项工作是有意义的。它促使民法学人在民法典时代进一步思考民法“法典化”抑或“解法典化”这一比较私法上的经典法学命题在中国物权法上应当如何应对，也为理解民法典与特别私法之间的关系提供了一种规范解释的视角。作者将农村土地政策一并纳入研究，考察了以《中华人民共和国民法典》为代表的私法规范与现行土地政策之间的应然关系，并明确指出土地政策表述的具体含义最终应当通过解释作业落脚于实在法上的规定（第三章第三节）。与此同时，本书结合我国仍在推进的农村宅基地“三权分置”制度改革，从法体系角度反思了我国农村宅基地使用权的私法架构（第五章第三节），并指出民法典背景下我国农村宅基地上的新的权利类型与承包地“三权分置”具有某种相似性。不过，有关农村宅基地规范配置的内容略显单薄，期待作者未来就此问题获得更多有价值的思考。

是为序。

中南财经政法大学教授、法学博士　徐涤宇

2022 年 7 月 20 日，武汉

目　录

绪 论

我国农村土地制度从历史深处走来，其间经历多种复杂、曲折的形态。波澜壮阔的时代大潮中，为寻找适合我国国情的农村土地利用制度和推进农业农村发展，人们不断进行艰苦的探索，也承受了社会变革过程带来的难以言说的改革阵痛。根据实践中土地用途之不同，就广义而言，现行法上集体所有的土地主要包括《中华人民共和国民法典》（以下简称《民法典》）第331条至第335条规定的承包地（耕地）、宅基地（第362条），以及《中华人民共和国土地管理法》（以下简称《土地管理法》）第60条、第61条、条63条规定的乡镇企业、乡（镇）村公共设施、公益事业建设用地以及集体经营性建设用地等多种类型。尽管2007年《中华人民共和国物权法》（以下简称《物权法》，已废止）实施后，曾明确将农村村民（农户家庭）所取得的土地承包经营权和宅基地使用权作为典型物权类型（第125条、第152条），但二者各自权能受到的法律限制并不少。虽然原《物权法》将土地承包经营权物权化，无疑对土地承包经营权人的合法权益保护，对认识土地承包经营权的独立地位、尊重权利人的地位以及稳定土地利用关系具有重大意义，①但是，根据《物权法》第5条的物权法定原则（“物权的种类和内容，由法律规定”，《民法典》第116条亦作出完全相同的规定），土地承包经营权

① 参见最高人民法院物权法研究小组编著：《〈中华人民共和国物权法〉条文理解与适用》，人民法院出版社2007年版，第375页。

“内容”及具体利用方式仍不明朗。对此，在新一轮农村土地改革基础上，2018 年 12 月 29 日，完成第二次修正后的《中华人民共和国农村土地承包法》（以下简称《农村土地承包法》）按照中央提出的农村承包地“三权分置”要求，对承包农户取得的土地承包经营权提出了新的利用模式。依据本书立场，这是 21 世纪我国农村集体土地（耕地）利用在法律上的重大转向，不仅对于新时代理解我国生产资料的社会主义公有制具有重要意义，而且对于我国民法，特别是有关物权法制度的内在构造及其解释带来全新命题。

与此同时，即使《民法典》实施之后，作为用益物权的农村宅基地使用权，其权能范围仍有待进一步确定，尤其表现在我国农村宅基地使用权的立法供给极为薄弱的这一现状上。原《物权法》甚至都没有规定宅基地使用权的设立要件，比如村民取得宅基地使用权是否也需要以农村建房合同为基础，更不用说立法者对宅基地使用权或者农村自建房转让的态度究竟如何（事实上立法者对此保持缄默）。原《物权法》“宅基地使用权”章关于宅基地使用权只有极为简略的几则规定，更令物权人对宅基地的支配效力变得捉摸不定。由此带来的一个问题是，即便在《物权法》实施后到《民法典》生效前（《物权法》被同步废止）的十四年间，司法实践中涉及农村宅基地使用权纠纷“同案不同判”的情况，仍比较普遍（比如，具有代表性的是农村宅基地使用权能否由非本集体经济组织成员继承，并进而在事实上占有农村宅基地），这首先会影响到法的稳定性。加上我国并非判例法国家，客观上也使得民众在面对宅基地利用的问题上显得无所适从，有些农村地区难免出现一些乱占、多占宅基地建房等投机行为，加剧了我国农村宅基地管理的难度。另一方面，自 2015 年新一轮农村土地制度改革启动以来，截至 2018 年底，除了在试点地区允许农村宅基地使用权和农民房屋（一并）用于设立抵押外，“针对农房抵押，各地在保障农民基本居住权基础上，逐步探索司法处置、村民内部协议转让等处置模式”。不过，实践中，“农房抵押的流转和处置难度较大”，农村集体经济组织内部很难找到符合条件的受让人，农房流转受到较大限制。[①] 与此同时，在上

① 参见陆昊：《国务院关于全国农村承包土地的经营权和农民住房财产权抵押贷款试点情况的总结报告——2018 年 12 月 23 日在第十三届全国人民代表大会常务委员会第七次会议上》。

述宅基地制度改革过程中，针对农村地区出现的闲置宅基地和闲置农房现状，2018 年2 月印发的中央一号文件《中共中央 国务院关于实施乡村振兴战略的意见》正式提出农村宅基地“三权分置”政策，要求“完善农民闲置宅基地和闲置农房政策，探索宅基地所有权、资格权、使用权‘三权分置’，落实宅基地集体所有权，保障宅基地农户资格权和农民房屋财产权，适度放活宅基地和农民房屋使用权”。从而，将农房抵押贷款试点纳入农村宅基地制度改革予以统筹考虑。试点地区就因历史原因形成超标准占用宅基地和“一户多宅”等情况，对农村“宅基地有偿使用和自愿有偿退出做了多种尝试”①。

第一节　讨论范围的确定

本书所谓我国农村土地，是指集体所有、交由农村村民（即《农村土地承包法》规定的“农户”）或组织耕种，并用于种植业、畜牧业、林业等农业生产的土地（《农村土地承包法》第2 条），和农民集体所有、用于农村村民建造房屋等建造物及构筑物的土地。按照通常观念，根据使用目的不同，农村范围内的土地包括农地或农用地、建设用地和其他土地三种基本类型。由于“其他土地”通常与人类生产生活联系并不密切，或者它们更多的是具有自然生态环境上的重要价值，所以民事法律制度往往针对农用地和建设用地设置相应的规则（比如《民法典》第331 条、第344 条分别规定了土地承包经营权、城镇国有土地的建设用地使用权）。我国《土地管理法》不仅将城市基础设施和公益事业，国家重点扶持的交通、水利水电等项目建设纳入建设用地范畴（第54 条），而且将农村中乡镇企业、乡村公共设施、农民住宅等一并作为建设用地（第59 条、第62 条），与此同时，上述二者均处在《土地管理法》第五章“建设用地”项下，亦表明现行法将农村宅基地使用权作为建设用地使用权对待。此外，农村集体所有和国家所有的耕地则实

① 参见陆昊：《国务院关于农村土地征收、集体经营性建设用地使用权入市、宅基地制度改革试点情况的总结报告——2018 年12 月23 日在第十三届全国人民代表大会常务委员会第七次会议上》。

行承包经营制度（《土地管理法》第13条），并在第四章“耕地保护”设置具体规范对农村耕地进行特殊保护，严格控制耕地转为“非耕地”（第30条）。

不过，本书将讨论范围进一步限定在农村承包地（耕地）利用和农村宅基地利用两个方面：一为农民（承包方）利用土地从事农业生产经营活动，二为农村村民占用土地建房，用于解决居住需要。根据农村村民利用土地的目的不同，区分农村土地的不同私法构造，在民法典视野下，是需要首先解决的基本问题。依照本书观点，不管是农村承包地还是农村宅基地的管理（或保护）中出现的一些违法违规问题（比如，农村村民占有耕地建房或者“一户多宅”现象），根源在于未体系性地解决私权规则配置问题。换言之，在民法上设置农村土地利用的一般规则，再以此为基础推进我国土地管理及水平，“私法—管制法”二者并驾齐驱，才是未来推进完善我国农村土地法律制度的首选方案。

虽然农村宅基地使用权本质上属于建设用地使用权范畴，然而，我国农村宅基地利用的法律构造及模式仍有其独特性。不论是《民法典》物权编中稍显简略的四则条文（第362条至第365条）所呈现出来的私法供给严重不足局面，还是自2015年就已启动但至今仍未结束试点的农村宅基地制度改革现状，都表明我国农村宅基地制度需要单独予以考虑。尽管2019年修正的《土地管理法》以及2021年7月2日第三次修订，并于同年9月1日实施的《中华人民共和国土地管理法实施条例》（国务院令第743号，以下简称《土地管理法实施条例》）也对国有土地使用权和集体建设用地使用权作出明显调整。[①] 比如，完善集体土地征收法定程序和条件（《土地管理法》第47条、《土地管理法实施条例》第26条），明确允许经依法登记的农村集体经营性建设用地可以通过出让、出租方式进入土地二级市场（《土地管理法》

① 参见陆昊：《关于〈中华人民共和国土地管理法〉、〈中华人民共和国城市房地产管理法〉修正案（草案）的说明——2018年12月23日在第十三届全国人民代表大会常务委员会第七次会议上》。根据上述“修正案（草案）的说明”，在其“三、修改的主要内容”部分提到，拟缩小土地征收范围，“删去现行土地管理法关于从事非农业建设使用土地的，必须使用国有土地或者征为国有的原集体土地的规定”。

第 63 条），并与城镇国有建设用地使用权实现“同权同价”等。此外，由于农村宅基地使用权制度牵一发而动全身，自农村宅基地制度改革以来，中央就一直强调坚持慎重稳妥原则推进地方试点，强调宅基地制度改革应当始终坚持“三条底线”：土地公有制性质不改变、耕地红线不突破、农民利益不受损。

第二节 基本框架和内容

本书以我国农村土地利用为主要内容，可从内部视角和外部视角两个方面予以观察。从内部视角来看，它分为两个部分，即农村土地承包制度和农村宅基地制度，侧重于私法制度规范意义上的考察。不过，由于上述两种制度及其改革过程中，受到党和国家政策的影响，在讨论中也将引入对有关改革文件具体要求的分析。本书所谓外部视角主要是从《土地管理法》《行政处罚法》等管理法或公法的角度，对实践中涉及土地利用关系的法律性质及效果进行检讨。比如，《土地管理法》必然涉及农村集体所有土地承包（第 13 条第 1 款），也会涉及国家所有土地由有关单位或个人承包经营（第 13 条 2 款），并要求签订承包合同，约定承包方和发包方的权利和义务，但显然与《农村土地承包法》关于农村土地承包的规范视角并不相同。这本质上取决于两部法律在立法目的和立法功能上的差异。

根据研究内容的不同，本书实质上包括两个部分。在第一部分中，将介绍农村承包地上用益物权的形成要件、承包地“三权分置”架构中各权利之间的配置，特别是论证独立的土地经营权之存在（第一章），由于在 2009 年的《农村土地承包法》完成修正后，中央随即发布了新的农村土地政策，因此，如何理解既有民事规范和新的政策要求之间的关系，需要在法规范层面认真思考（第三章）。以上述内容为基础，本书第四章讨论了新《农村土地承包法》确立的土地经营权融资担保的具体内涵。第二部分着重探讨当前农村宅基地利用中存在的主要问题，并试图提出解决当前宅基地制度改革中所面临问题的法律方案（第五章和第六章）。

第三节 主要研究方法

从民法解释论出发，本书在研究方法上的创新性和新颖性体现在以下方面。

第一，规范分析方法。本书将主要运用法教义学方法分析农村土地承包和农村宅基地制度改革内容，尤其是新的权利形态及其与其他既有权利之间的关系。从2007年《物权法》到2020年《民法典》物权编，均将土地承包经营权和宅基地使用权作为独立的用益物权类型。因此，从法规范层面探讨农地或宅基地上的权利构造和各种权利内容，有助于理解农村承包地“三权分置”和农村宅基地“三权分置”改革中的重点和难点。

第二，比较研究方法。本书所谓比较的视角主要涉及两个方面。一个是既有法用益物权制度和比较法上有关用益物权制度之间的比较分析（横向的比较），另一个是新规则和旧规则之间的比较（纵向的比较）。这两种视角对于理解农村承包地“三权分置”以及土地经营权、农村宅基地使用权的改革实践和私法规则构建，具有重要作用。

第三，在分析新一轮农村土地改革的有关具体制度时，结合党和国家发布的政策文件精神，阐明有关改革措施的明确含义，将政策话语合理转化为法律话语，厘清政策和法律的界限，有利于维护和坚持我国农村土地集体所有制度，依法维护农民基本权益，促进农村社会稳定发展。

第四，实证研究方法。2015年中央启动农村承包土地“三权分置”、集体土地征收和宅基地制度改革，试点实践中，各地对放活土地经营权、宅基地有偿使用和自愿有偿退出等进行了探索。允许进城落户农民在本集体经济组织内部自愿有偿退出或转让宅基地。试点地区对宅基地有偿使用和自愿有偿退出做了多种尝试。特别是，2018年中央一号文件作出探索宅基地所有权、资格权、使用权“三权分置”的改革部署后，各试点地区根据中央统一部署积极探索承包地“三权分置”实践，放活承包地的经营权。以我国仍在进行试点的农村宅基地使用权改革为例，各试点地区推进农村宅基地制度改革的具体做法各不相同，但大体上围绕完善农民宅基地权益和取得方式、探索宅基地有偿使用方式、探索宅基地自愿有偿退出机制、完善宅基地管理制度等四个方面展开。有鉴于此，本书将结合物权法上既有规定，对已开展的有关改革实践，包括地方推进农村土地改革的具体做法，进行考察，分析并总结可行的改革方案。

第五，案例研究方法。土地承包经营纠纷有关案例的引入将为土地承包经营权及土地经营权、宅基地使用权等用益物权规则的适用，提供实践参照。通过分析有关案例，指出既有规则供给不足引起的同案不同判的根本原因。与此同时，也能将本书所获得的关于承包地三权分置和宅基地使用权制度的新认识验之于审判实务，实现学术理论和实践的双向观照。

第一章　农村承包地利用的法律构造

自2013年11月党的十八届三中全会召开以来，深入推进我国农地经营体制改革被列入立法日程。2016年10月，中共中央办公厅、国务院办公厅联合印发的《关于完善农村土地所有权承包权经营权分置办法的意见》（以下简称《三权分置意见》）强调，以落实集体所有权、稳定农户承包权、放活土地经营权为核心的农地“三权分置”，是继家庭联产承包制后我国农村改革的又一大制度创新。逐步建立规范高效的“三权”运行机制，不断健全归属清晰、权能完整、流转顺畅、保护严格的农村土地产权制度。自全面启动新一轮农村土地改革以来，中央有关政策完善土地承包经营权的核心思路在于坚持集体所有权，赋权于农民，以实现2013年11月中共中央《关于全面深化改革若干重大问题的决定》① 提出的“健全归属清晰、权责明确、保护严格、流转顺畅的现代产权制度”的整体目标。2018年底完成修正的《农

---

* 本章部分内容发表于《交大法学》2021年第1期，收入本书时进行了必要改动。

① 从《关于全面深化改革若干重大问题的决定》的要求看，我国农村土地改革主要涉及三个方面：农民土地承包经营权抵押担保；符合规划和用途管制的农村集体经营性建设用地允许进入市场，和国有土地同权同价；农民住房财产权的抵押、担保和转让。前两项改革已经随着2018年《农村土地承包法》、2019年《土地管理法》的先后修正而完成。鉴于第三项改革复杂性大、牵涉面广，原定于2019年12月31日的试点期限结束后，根据中央统一部署，农村宅基地制度开始了新一轮更大范围的改革试点，时间截至2022年12月31日。

村土地承包法》,[①] 就是贯彻承包地“三权分置”的针对性法律实践。[②] 与此同时，2020 年 5 月 28 日颁布并于 2021 年 1 月 1 日生效的《民法典》也就此作出规定。[③] 在法律位阶上，《民法典》属于一般法（普通法），《农村土地承包法》则属于特别法，这种区分将影响到法适用的解释。

然而，此次《农村土地承包法》修法目的是否达到、农村土地“三权分置”下的各权利之间关系如何等问题，均有待检验。本章旨在考察以承包地利用为基础而产生的法律关系，特别是农户以家庭承包方式获得土地承包经营权后，私法上如何型构承包方（农户）与他人（社会主体或新型经营主体）之间的权利义务关系，即考察《民法典》视野下《农村土地承包法》等有关规定对农村承包地利用的规范立场。为获得我国土地承包经营权的立体图景，本章首先从新中国成立后的土地利用制度出发，勾勒土地承包经营权形成的社会—制度背景及其自身演变，以增强对新一轮农地改革的整体认识。继而考察农地归属和利用的法技术构成，及其在农地承包经营制度上的反射。最后，在发展新型农业经营体系和农业现代化的要求下，检讨我国农村承包地流转之具体方式的内涵。除非特别说明，本书“农村土地承包”或“承包地”仅指向农村集体所有并由农户依法承包的土地（农用地），而不包括国家所有交由集体使用的土地。

---

① 第十三届全国人民代表大会常务委员会第七次会议决定对《农村土地承包法》作出重大修改。参见：新华社：《（受权发布）全国人民代表大会常务委员会关于修改〈中华人民共和国农村土地承包法〉的决定》，载新华网，http：//www. xinhuanet. com/politics/2018 - 12/30/c_ 11239 27159. htm，2019 年 12 月 18 日最后访问。

② 为贯彻党中央关于完善农村土地承包制度的部署，适应土地经营权流转和适度规模经营，2017 年 10 月 31 日第十二届全国人民代表大会常务委员会第三十次会议审议《农村土地承包法修正案（草案）》。参见王立彬：《全国人大常委会组成人员分组审议农村土地承包法修正案草案》，载中国人大网，http：//www. npc. gov. cn/zgrdw/npc/cwhhy/12jcwh/2017 - 11/04/content_ 2031396. htm，2020 年 10 月 19 日最后访问。

③ 参见王晨：《关于〈中华人民共和国民法典（草案）〉的说明——2020 年 5 月 22 日在第十三届全国人民代表大会第三次会议上》。需要说明的是，在新《农村土地承包法》2019 年 1 月 1 日实施后，2019 年 4 月 20 日的《民法典物权编（草案二次审议稿）》和 2019 年 12 月 28 日公布的《民法典草案》就承包地“三权分置”也作出了相应的立法安排。参见沈春耀：《全国人民代表大会常务委员会宪法和法律委员会关于〈民法典各分编（草案）〉修改情况和〈中华人民共和国民法典（草案）〉编纂情况的汇报——2019 年 12 月 23 日在第十三届全国人民代表大会常务委员会第十五次会议上》。

第一节 农村基本经营制度与土地经营权的产生原因

我国农村土地利用制度历经多次变迁。改革开放之后，逐渐形成了土地所有权公有、农村土地承包经营权可以通过多种方式进行流转[①]的基本格局。由我国土地公有制和城乡二元体制所决定，长期以来，侧重“土地使用权”成为我国农村土地法制的显著特征。在2002年颁布的《农村土地承包法》第1条立法目的中明确规定“赋予农民长期而有保障的土地使用权”，即为著例。自此之后，国家密集出台法律以调整农村土地利用关系，而中央政策在这方面的直接作用趋于减弱。

一、家庭承包经营的基础性地位及其面临的新问题

新中国成立前，解放区一度实行“打土豪、分田地”的土地政策，[②] 有力保障了人民革命的胜利。建国后，1950年颁布的《中华人民共和国土地改革法》（以下简称《土地法》）确定农村土地属于农民个人所有，但是《土地法》实行平均地权的做法，并未消灭农村土地的私有制。土地改革基本完成后，很快出现农户之间的“两极分化”现象。为“防止历史上反复发生的土地所有权从平均化到兼并、形成大地主的轮回”，[③] 国家开始了对农业的社会主义改造，推行互助组和初级农业生产合作社（俗称“初级社”）两种模式。尽管互助组和初级社没有改变农村土地归农民个人所有的性质，但由于后者必须将土地交由合作社统一经营、管理，导致农户实际上丧失了对土地

---

① 参见2004年修正的《土地管理法》，2009年修正的《农村土地承包法》第10条、第32条、第44条和原《物权法》第128条、第129条、第133条（“四荒”农村土地的承包经营权流转方式）。

② 邓小平同志曾明确指出，在解放区“应即停止分土地，停止打土豪分浮财”，对于错误没收“私人工商业的生产资料，如果是军队和政府机关保存的，应无条件地全部退还”；已分给群众的，说服其归还。参见邓小平：《贯彻执行中共中央关于土改和整党工作的指示》，载《邓小平选集》（第三卷），人民出版社1994年版，第116、120页。

③ 参见陈锡文、赵阳等：《中国农村制度变迁60年》，人民出版社2009年版，第11页。

的占有和直接控制。1955年夏季之后的“农村社会主义高潮”运动，带来了农业生产高级合作社（即所谓“高级社”），对生产资料实行高度的集体公有是其最基本特征。到了人民公社化时期，[①] 在“人民公社—生产大队—生产队”的架构下，确立了“三级所有、队为基础”的模式，“生产队”作为基本核算单位取得了农村土地集体所有权的权利主体地位，[②] 形成了农地“生产队所有、集体利用”的模式。改革开放前，统一分配的经营体制严重制约农村生产力发展，也使农村生产力付出了高昂的代价。[③] 持续的僵化土地利用模式已处在农村变革的前夜，安徽农民的自发行动将掀起一场伟大的农村经营制度改革。到20世纪70年代末期，在政策松动之下，“包产到户”“包干到户”和家庭联产承包责任制迅速得到推广，我国农民自发的“伟大创造”[④] 事实上促成了原有政社合一的废止。此种农业经营体制的变革趋势，始终以农户是否能够成为土地的自主经营者为核心。党的十一届三中全会以后的土地政策均以土地集体所有、农民分户承包、家庭自主经营、农民自负盈亏为基础。[⑤] 但是，家庭联产承包模式，导致农村集体经济组织的所有成员均可分配承包地，而每个家庭的成员人数总在不断变化，比如今年有小孩出生，明年有闺女出嫁。由此造成的社会影响是，直到20世纪90年代初期，我国南方某些地方还可根据本集体经济组织成员增减而逐年调整土地（如因村民去世而“重新分田”）。此种承包地的“小调整”，虽契合了

---

① 关于农业生产合作社和人民公社收入、分配等方面的介绍，参见陈锡文、赵阳等：《中国农村制度变迁60年》，人民出版社2009年版，第11页及以下。

② 中共中央1962年发布的《农村人民公社工作条例修正草案》第21条第1款规定：生产队范围内的土地，都归生产队所有。同时，中共中央1962年2月发布的《关于改变农村人民公社基本核算单位问题的指示》，将基本核算单位由原来的生产大队下放于“生产队”。

③ 比如，自实行农业高级社后，从集体经济组织获得的人均年收入，在1957年至1978年的二十一年中，只增加了33.3元，而农民人均粮油消费水平则出现下降现象。参见陈锡文、赵阳等：《中国农村制度变迁60年》，人民出版社2009年版，第19页。关于农地家庭联产承包制度的形成，参见甘藏春主编：《社会转型与中国土地管理制度改革》，刘守英执笔，中国发展出版社2014年版，第32页及以下。该书指出，1982年中央一号文件确认农户和农民集体之间属于承包关系。

④ 中共中央1983年1月2日发布的《关于印发〈当前农村经济政策的若干问题〉的通知》，在政策层面也确认了家庭联产承包经营的正当地位。参见陈锡文、赵阳等：《中国农村制度变迁60年》，人民出版社2009年版，第31页。

⑤ 参见陈锡文、赵阳等：《中国农村制度变迁60年》，人民出版社2009年版，第33页。

新中国建立初期提出的“耕者有其田”的农村土地政策，能够维系长久以来农民所形成的浓厚“土地情感”，却会引起或者在一定程度上加剧了因农村频繁“分田”引发的社会矛盾。[①] 从而，实质上可能削弱土地家庭联产承包经营模式对于调动农户发展农业生产所具有的积极意义，也不利于在农村村民之间构建友善、和睦、团结的邻里关系，影响到农村社会稳定。正是考虑到“重新分田”带来的不利影响，2002 年制定的《农村土地承包法》第 27 条第 1 款明确规定，发包方原则上不得在承包期内调整承包地。从而在法律制度上确立了“增人不增地，减人不减地”的实践做法，从第二轮农村土地承包关于承包期限规定的效果来看，上述第 27 条禁止调整承包地的措施实现了农村承包关系的稳定，有力地调动了农民提高土地地力的积极性。

同时，沿海城市发展社会主义市场经济的实践探索，对土地利用方面提出新的现实需要。土地法制革新已刻不容缓。1987 年，深圳罗湖一宗国有土地（使用权）的协议出让，敲响了城市国有土地拍卖的国内第一槌，开启了国有建设用地使用权有偿使用改革的地方探索。由于深圳上述做法涉及 1982 年《中华人民共和国宪法》（以下简称《宪法》）上的土地基本制度，作为法律上的直接回应，1988 年 4 月通过的《宪法修正案》规定“土地的使用权可以依照法律的规定转让”（第 10 条第 4 款），首次在宪法层面正式规定，土地所有权和土地使用权可以实现分离。基本法关于土地利用模式的修改，是我国社会经济制度迈出的重要调整步伐，并对后来我国私法特别是《物权法》有关制度的发展和完善具有开创性、里程碑的意义。正是基于《宪法》业已完成的修改，1988 年 12 月 29 日，《土地管理法》迎来第一次修正，立法者对土地利用模式作出重大修改。一方面规定“任何单位和个人不得侵占、买卖或者以其他形式非法转让土地”（1988 年《土地管理法》第 2 条第 2 款），继续强调实行土地的社会主义公有制；另一方面，新增“国有土地和

① 为切实解决这个问题，贵州湄潭地区率先提出“增人不增地，减人不减地”，实际上是对我国农村土地集体所有的一种改革，参见刘守英：《中国土地制度改革的逻辑与出路》，载《直面中国土地问题》，中国发展出版社 2014 年版，第 5 页。

集体所有的土地的使用权可以依法转让”等规定，[1] 并明确农村集体土地可由集体或个人承包经营（1988 年《土地管理法》第 12 条）。不过，在家庭联产承包制下，农民（以家庭为基础的农户）获得集体（人民公社）所有的承包地进行耕种时，还应按本集体的统一要求，完成特定生产任务，即所谓“留足集体的”。由此，中央的农村土地政策也变得更为宽松。从历史的角度来看，20 世纪 70 年代我国确立的以“包干到户”“包产到户”等为代表的全新农村经营体制即家庭联产承包责任制，极大调动了农民生产积极性，推动了农业的发展。

我国立法者对农村土地承包经营权的认识也经历了时代的变迁。1998 年 8 月 29 日《土地管理法》完成首次修订，确立了土地用途管制制度，立法机关也对源自农民自发创造的农村土地承包制度有了全新的认识。[2] 1999 年《宪法》修改时，“家庭联产承包为主的责任制”的表述被“统分结合的双层经营体制”（1999 年《宪法》第 8 条第 1 款）所取代，但农村土地仍然延续了“集体所有—农户利用”的模式。赋予农民对承包土地的使用权，成为落实以家庭承包经营为基础的农村基本经营体制的最主要手段。这表现为在实行分户生产承包的地方，农户通过与发包方签订土地承包合同、取得承包地，允许农民在一定时期内（刚开始时是十五年）进行自负盈亏的农业生产。针对原国土资源部 1998 年 4 月 26 日作的《关于〈中华人民共和国土地管理法（修订草案）〉的说明》关于将土地管理方式改为土地用途管制制度，“通过土地用途管制，加强对农用地、特别是对耕地的保护”的修法措施，第九届

① 该规定被继续认可，现行《土地管理法》（2019 年修正）第 10 条规定：“国有土地和农民集体所有的土地，可以依法确定给单位或个人使用。”

② 1988 年 12 月底《土地管理法》完成第一次修正，明确删除了“禁止出租土地”的内容，增加规定“国有土地和集体所有的土地的使用权可以依法转让”等内容，“土地使用权”成为合法交易对象，农村土地的使用权之处分方式变得多元，出租、转让等不一而足。而 2004 年《土地管理法》的修改幅度极小，主要表现在准确鉴定征收和征用的范围等方面，全无 1988 年修法时的剧烈和点多面广，本书不再详述。

全国人民代表大会第三次会议审议时，全国人大法律委员会认为，①“国有土地和农民集体所有的土地，可以由单位或个人承包经营，从事种植业、林业、畜牧业、渔业生产”，即土地承包经营权用途限于农业副业（农业生产目的）范围。并进一步认为，“家庭联产承包责任制是宪法规定的农村集体经济所有制的基本形式，农民的土地承包经营权就是农民的农业用地使用权，土地管理法对土地承包经营的期限等问题作出相应的规定，更有利于保护农民的合法权益……”。② 按照这种思路，形成了现行《土地管理法》关于农民集体所有的土地或国有土地可以由单位或个人承包经营的制度（第 10 条、第 13 条第 2 款）。上述立场也被 1998 年 8 月 29 日修订的《土地管理法》第二章“土地的所有权和使用权”第 14 条第 1 款所肯定：“农民集体所有的土地由本集体经济组织的成员承包经营，从事种植业、林业、畜牧业、渔业生产。土地承包经营期限为三十年。发包方和承包方应当订立承包合同，约定双方的权利和义务……。”同法更在第一章“总则”第 8 条第 2 款规定：“农村和城市郊区的土地，除由法律规定属于国家所有的以外，属于农民集体所有；宅基地和自留地、自留山，属于农民集体所有。”我国农村土地“集体所有—农户（农民）承包”的二元结构在法律上自此确立。随后于 2002 年 8 月 29 日通过的《农村土地承包法》（第 3 条）便是沿袭了 1998 年《土地管理法》的上述规定。由此可见，改革开放以来，我国经济体制上的变动，逐渐反映到土地法律制度（私法）的调整当中。

到 2002 年，《农村土地承包法》的起草者继而认为，家庭承包是“人人有份的承包”，主要是针对耕地、林地和草地，并强调“对家庭承包的土地实行物权保护，……土地承包经营权可以依法转让、转包、入股、互换等

---

① 立法者指出，国有土地和农民集体所有的土地，单位或个人可以经营承包，以“从事种植业、林业、畜牧业、渔业生产”。参见李伯勇：《全国人民代表大会法律委员会关于〈中华人民共和国土地管理法（修订草案）〉初步审议情况的汇报——1998 年 6 月 24 日在第九届全国人民代表大会常务委员会第三次会议上》，载《中华人民共和国全国人民代表大会常务委员会公报》1998 年第 4 号。

② 参见李伯勇：《全国人民代表大会法律委员会关于〈中华人民共和国土地管理法（修订草案）〉审议结果的报告——1998 年 8 月 24 日在第九届全国人民代表大会常务委员会第四次会议上》，载《中华人民共和国全国人民代表大会常务委员会公报》1998 年第 4 号，第 371 – 372 页。

……”，对其他形式承包的土地实行债权保护。[①] 准此，就土地承包经营权与家庭承包之间的关系而言，立法者倾向于将其定位为一项人人均可享有的平等（财产）权利，基于承包合同，作为农村集体经济组织成员的承包方取得土地承包经营权，这贯彻了使其物权化的指导思想。[②] 事实上，在“人人有份”的家庭承包观念之下，承包方按照发包方（集体土地所有权人）的某种生产预期目标取得/占有承包土地、从事农业生产，只是一种常见的土地经营模式。单一的家庭作为基本生产经营单位，使得参与农业生产的家庭成员甚至包括家庭中的未成年小孩，可根据农业生产的实际需要从事一定的辅助劳动，比如参与水稻播种或收割、农忙时节为地里从事农活的大人准备必要饭食。因此，农民取得的土地承包经营权不过是家庭联产承包责任制的必然结果，不能将其简单等同于农村生产经营模式。《农村土地承包法》立法者所谓“农民的承包经营权就是农民的土地使用权”的判断存在误区，其根源在于：忽略了农村土地与其具体表现形式（耕地、森林、草原、荒地、滩涂等）之间的区别，进而混淆了不同类别的用益物权。[③] 农民的土地使用权不限于债权性质的利用（出租、入股而获得的土地使用权），还包括物权性质的利用（土地承包经营权）。

上文已表明，集体土地所有制如何通过家庭承包方式得以实现。至此，有必要讨论土地承包经营权主体（承包方）的问题。2009 年《农村土地承包法》第 15 条规定，家庭承包方式下土地承包经营权的主体是“本集体经济组织的农户”，并且土地承包经营权流转的主体是承包方（第 34 条）。由于家庭承包是农村土地集体所有制的具体实现方式，那么其土地承包经营权主体必须属于本集体经济组织，因此家庭承包的土地承包经营权（原始）取得具有身份性。家庭承包是以“户”为生产经营单位，属于家庭内各成员平等

---

① 参见柳随年：《关于〈中华人民共和国农村土地承包法（草案）〉的说明——2001 年 6 月 26 日在第九届全国人民代表大会常务委员会第二十二次会议上》，载《中华人民共和国全国人民代表大会常务委员会公报》2002 年第 5 号。

② 参见李适时主编：《中华人民共和国民法总则释义》，法律出版社 2017 年版，第 150 页。

③ 权利主体对农村土地的“使用权”，无法简单等同于承包经营权。就用益物权设立而言，应根据农村土地用途进行区别：将土地用于农业生产目的（耕种、种植、畜牧等），是为土地承包经营权（传统民法上的农地使用权），而将其用于建设目的则是建设用地使用权。

享有的按份共有制，[1] 但土地承包经营权主体，究竟是农户还是农民个人仍需考察。“农户”或家庭只是一个生产经营单位，是家庭承包的农村基本经营体制的具体形式，而无法作为一项物权的主体。“家庭承包的承包方”仅在表明对农村土地的一种经营管理及利用方式，而不涉及土地承包经营权，只有将土地承包经营权的权利主体解释为农村集体经济组织的成员（农村村民个人），[2] 才能与新《农村土地承包法》第 31、32 条将权利主体确定为具体的村民个体（即妇女或村民个人）相协调。只有将土地承包经营权的权利主体解释为农民，而非农户，才能理解为何《物权法》对于农村集体土地权属采用“集体成员集体所有”的表达。并且，在土地承包经营权流转时，“转让合同”的当事人，也只存在于特定村民之间或特定组织（通常为新型农业经营企业）之间，而不涉及“农户”或“农民家庭”，这也是司法实践中为何需要通过“农户代表人”（《最高人民法院关于审理涉及农村土地承包纠纷案件适用法律问题的解释》，法释〔2020〕17 号修正，以下简称《农村土地承包司法解释》，第 4 条第 1 款）确定诉讼主体的原因所在。

这种新的实践异于传统民法中侧重所有权人自己支配标的物的模式，而土地使用权人成为农地制度的核心。现行法一方面规定农地所有权的集体所有或全民所有，另一方面，将调整重心置于非所有权人（主要是农民）对农村土地的使用。若将农地的国家所有权和集体所有权理解为国家所有（制）或集体所有（制）的法权表现形式（法权关系），那么，参照传统私法的“个人所有权”模式建立起来的集体土地所有权制度，则由于土地“所有权人”过于抽象，而只能通过某种“法律媒介”（比如，针对 2002 年《农村土地承包法》规定的农村土地承包经营制度，原《物权法》第 60 条第 1 项新增代表人机制），以寻求集体所有权的实现方式（比如，对标的物的控制及其利益分配安排等）。准此，对于农村土地的效率提升而言，物权意义上的

① 参见朱广新：《论土地承包经营权的主体、期限和继承》，《吉林大学社会科学学报》2014 年第 4 期，第 31 页。

② 参见朱广新：《论土地承包经营权的主体、期限和继承》，《吉林大学社会科学学报》2014 年第 4 期，第 30－31 页。

归属功能已经不再具有关键作用。农村集体土地只得通过其使用权的配置，方能符合将其作为物权的私法定位，而农村土地集体所有制毋宁是农村土地使用权的一种政治话语外壳。

可见，家庭联产承包责任制下，我国农村承包地利用的构造已然摒弃土地私有化模式，并承袭农业生产合作社、人民公社化以来将土地完全公有化，进而允许农村土地使用权进行“转让”（2003 年 3 月 1 日生效的《农村土地承包法》使用术语“流转”）的调整思路。由我国经济制度的基础（《宪法》第 6 条第 1 款）所决定，基于劳动群众集体所有制，“家庭承包”成为农村集体经济组织中主导性的农地经营模式，集体土地与本集体的农民个体（农户）之间的封闭性关系由此形成：任何成员均可向本集体经济组织请求承包土地（2009 年《农村土地承包法》第 5 条），（以户为单位的）家庭承包是农村土地经营的主要形态，非成员则无法要求承包。2007 年实施的《物权法》继而确认，家庭承包场合下土地承包经营权人有权将土地承包经营权以转让或转包等多种方式流转（第 128 条），而对于不实行家庭承包的“四荒”土地，则可由任何民事主体按照市场化方式进行承包（第 133 条，2009 年修正的《农村土地承包法》第 44 条、第 45 条）。与此同时，根据 2009 年《农村土地承包法》第 48 条第 2 款，若“承包方”是本集体经济组织以外的单位或个人的，还应对其资信情况和经营能力进行审查。

直至 2014 年的中央一号文件《关于全面深化农村改革加快推进农业现代化的若干意见》提出承包地“三权分置”改革之前，即“在落实农村土地集体所有权的基础上，稳定农户承包权、放活土地经营权，允许承包土地的经营权向金融机构抵押融资”,① 我国法律和政策均以 2009 年《农村土地承包法》确立的“集体土地所有权—承包方的土地承包经营权”为基础，理解农村土地上形成的法权关系。同时允许承包方（农户）在较短期限内将承包地交由其他农户耕种，这表现为 2009 年《农村土地承包法》第 39 条规定的土地承包经营权的转包、出租或代耕，并将其与互换、转让一并称为“土地承

① 参见中共中央、国务院 2014 年 1 月 19 日发布的《关于全面深化农村改革推进农业现代化的若干意见》“四、深化农村土地制度改革”之“17. 完善农村土地承包政策”部分。

包经营权的流转”（第二章第五节节名）。中共中央办公厅、国务院办公厅同年11月发布的《关于引导农村土地经营权有序流转发展农业适度规模经营的意见》要求创新农村土地流转形式，“鼓励承包农户依法采取转包、出租、互换、转让及入股等方式流转承包地”，并要求探索承包地“三权分置”的具体实现形式。依此看来，上述土地改革政策更多地是在农地本身层面理解承包地上的法律关系，意图通过转让、互换、长期流转等多种方式实现对承包地的利用安排，以推进家庭经营、集体经营、合作经营、企业经营等多种经营方式共同发展。这与原《物权法》以及2009年《农村土地承包法》均规定“土地承包经营权的流转”，形成明显的差别。这种情况也使得在随后的承包地“三权分置”讨论中，学界对于如何理解具体的权利类型及其内容，产生了激烈的争议（下文详述）。

综上可知，二十年前《农村土地承包法》制定者关于我国农村土地的家庭承包制度是“人人有份”的承包之判断，在当下已经拥有了全新内涵。一方面，这源于改革开放后我国社会主义市场经济体制逐步建立和完善，农民的传统生产生活方式发生了巨大变化。务农已不再是农户家庭收入的主要来源，农村村民人人参与农业生产的历史已经一去不再复返，而我国农业科学技术进步则加快了这种转化进程。比如，袁隆平院士及其团队在杂交水稻研究上所取得的举世瞩目的科技成就。基于这种深刻的社会经济变化，我国《宪法》和《农村土地承包法》中所谓以家庭承包经营为基础、统分结合的双层经营体制也同样具有了新的含义：虽然家庭承包仍旧是农民“人人有份”的农村土地承包模式，仍在农村基本经营制度中具有基础性地位，时至今日，毋宁将这种家庭承包模式理解为“人人有份承包农村土地”，但不必“人人亲自种地”！实际上，农民生产生活方式的改变以及大量农村劳动力流向城市是造成部分农村地区存在土地撂荒、耕地质量下降的客观因素。这正是中央部署农村土地“三权分置”改革的内在动因。换言之，在实行劳动群众集体所有制的经济基础之上，基于解释论立场，人们应当对自21世纪初形成的以家庭承包经营为基础的农村土地经营制度重新进行理解，以适应社会经济发展，推动农村发展和农业现代化。

二、新时期土地经营权的改革探索与立法确认

20 世纪 80 年代在农村实行的家庭联产承包责任制，确认了农户和农民集体之间的承包关系。在农村土地上认可所有权归属于集体（生产队），土地承包经营权属于农户，极大地调动了亿万农民的生产积极性，有效解决了温饱问题，农村改革取得重大成果，有效促进了农村土地耕种。进入新时代以来，随着我国农村人口的季节性迁移、城镇化水平提高以及农业现代化的高度发展，我国农村土地承包、利用出现了一些全新情况，需要在坚持《宪法》第 8 条确立的以家庭承包经营为基础、统分结合的双层经营体制，以及《农村土地承包法》第 1 条规定的保持农村土地承包关系稳定并长久不变之立法目的的前提下，进一步健全农村产权制度，实现新型工业化、信息化、城镇化、农业现代化的同步发展。现阶段深化农村土地制度改革，顺应农民针对承包地保留土地承包权、流转土地经营权的意愿，将土地承包经营权分为承包权和经营权，实行所有权、承包权、经营权分置并行，着力推进农业现代化，是我国农村改革的又一重大法律制度创新。在农地承包经营实践中，推行适度规模化也具有相当的市场需求。例如，在 2018 年修正《农村土地承包法》之前，湖北咸宁市的一些农村，90% 以上的土地都已经交给了种粮大户耕种。① 原来家庭承包下农民的土地承包经营权所体现的农地利用关系，逐渐显出不适应性。同时，既有的家庭承包经营模式也造成农村广袤田地碎片化经营的弊端，如何塑造新的农用地使用权成为推进农业现代化的主要法律手段。

正是在这种背景下，2016 年中央一号文件提出："落实集体所有权，稳定农户承包权，放活土地经营权，完善'三权分置'办法，明确农村土地承包关系长久不变的具体规定。……依法推进土地经营权有序流转，鼓励和引导农户自愿互换承包地块实现连片耕种。"继而，根据 2016 年 8 月 30 日召开的中央全面深化改革领导小组第二十七次会议提出的"在依法保护集体所有

① 参见《十九大报告解读：延长土地承包期 农民吃了定心丸》，载《经济日报》2017 年 10 月 22 日，转引自央视网，http：//news. cctv. com/2017/10/22/ARTISrRRaJKRCbNqfPPQpSue171022. shtml，2022 年 4 月 29 日最后访问。

权和农户承包权的前提下，平等保护经营主体依流转合同取得的土地经营权，保障其有稳定的经营预期”的要求，中共中央办公厅、国务院办公厅2016年10月30日联合印发的《关于完善农村土地所有权承包权经营权分置办法的意见》就农村承包地“三权分置”的内容和有关权能等提出了较为详细的要求和改革方向。明确强调实行所有权、承包权、经营权“三权分置”是农村改革的制度创新，农村土地集体所有权是土地承包权的前提，农村集体土地由作为本集体经济组织成员的农民家庭承包，不论经营权如何流转，土地承包权都属于农民家庭。“农户享有承包经营权是集体所有的具体实现形式，在土地流转中，农户承包经营权派生出土地经营权”。由于在土地流转过程中，“土地承包经营权又发生分离，演变成承包权与经营权两部分，从而形成了所谓的所有权、承包权和经营权‘三权分置’的状态”①。由此可见，农地改革欲通过土地承包关系的长久不变和承包经营权的稳定，应对农业集约化、规模化客观上所需要的承包地集中或流转，土地所有权和土地承包经营权的传统“两权分离”法律模式需要进行调整。次年，党的十九大报告提出，巩固和完善农村基本经营制度，深化农村土地制度改革，完善承包地“三权”分置制度。2018年中央一号文件《关于实施乡村振兴战略的意见》则再次强调，完善农村承包地“三权分置”制度。

中央有关政策对土地承包经营权的重构思路在于赋权于农民，通过农村土地资源的市场化配置，构建现代农村产权（农业生产经营）制度。尽管在法源问题上，国家政策能否成为农村土地承包经营权的法律渊源（《中华人民共和国民法通则》[以下简称《民法通则》，已废止] 第6条）仍有待商榷，但是，2015年8月国务院发布的《关于开展农村承包土地的经营权和农民住房财产权抵押贷款试点的指导意见》（国发〔2015〕45号，以下简称《“两权”抵押意见》），以及2016年3月15日中国人民银行、银监会等部门联合发布的《农村承包土地的经营权抵押贷款试点暂行办法》（银发〔2016〕79号，以下简称《土地经营权抵押试点办法》）分别进行部署。根据全国人

① 韩俊：《准确把握土地流转需要坚持的基本原则》（2014年10月21日），载国家信息中心网，http://www.sic.gov.cn/News/455/3603.htm，2022年8月10日最后访问。

民代表大会常务委员会授权,[①] 获准试点的232个县级行政区的实践扮演了农地“三权分置”改革先行者角色。根据两年后国务院的改革试点总结报告，承包土地的经营权抵押改革工作取得了阶段性成效。截至2017年12月，农村“融资难、融资贵问题得到缓解，农村金融服务得到改善”。同时，为进一步检验抵押物处置机制等，深入推进试点实践，经全国人民代表大会常务委员会授权决定，农村承包土地的经营权和农民住房财产权抵押贷款试点期限延长至2018年12月31日。[②]

从上述《三权分置意见》等有关文件要求可以看出，在各权利层次上，农村土地原则上属于“集体所有”，实行农地所有权和使用权相分离，农户（承包方）和各类“集体”（发包方）之间的承包关系继续存在并有效。那么，如何认识农地承包合同的性质及功能，对于理解农地承包经营权具有重要意义。承包合同（作为承包关系的具体形式），是农民利用土地从事农业生产经营的前提。由于农村土地所有权仍属于农民集体（实践中则一般由农村集体经济组织承担发包方的角色），农户家庭欲取得土地承包经营权只能通过与发包方签订承包合同。因此，土地承包经营权的设立（取得）属于基于法律行为取得物权的一种方式，其“流转”原则上亦应当遵循不动产物权变动的一般规则。

---

① 2015年12月27日，第十二届全国人民代表大会常务委员会第十八次会议通过的《全国人大常务委员会关于授权国务院在北京市大兴区等232个试点县（市、区）、天津市蓟县等59个试点县（市、区）行政区域分别暂时调整实施有关法律规定的决定》明确：“授权国务院在北京市大兴区等232个试点县（市、区）行政区域，暂时调整实施《中华人民共和国物权法》《中华人民共和国担保法》关于集体所有的耕地使用权不得抵押的规定；在天津市蓟县等59个试点县（市、区）行政区域暂时调整实施《中华人民共和国物权法》《中华人民共和国担保法》关于集体所有的宅基地使用权不得抵押的规定。上述调整在2017年12月31日前试行。”载中国政府网，http：//www. gov. cn/xinwen/2015－12/28/content_ 5028324. htm，2022年4月20日最后访问。不过，根据2017年12月27日发布的《全国人民代表大会常务委员会关于延长授权国务院在北京市大兴区等二百三十二个试点县（市、区）、天津市蓟州区等五十九个试点县（市、区）行政区域分别暂时调整实施有关法律规定期限的决定》，农村承包土地的经营权和农民住房财产权抵押贷款试点期限延长至2018年12月31日。

② 潘功胜：《关于〈关于延长授权国务院在北京市大兴区等232个试点县（市、区）、天津市蓟州区等59个试点县（市、区）行政区域分别暂时调整实施有关法律规定期限的决定（草案）〉的说明——2017年12月27日在第十二届全国人民代表大会常务委员会第三十一次会议上》，载中国人大网，http：//www. npc. gov. cn/npc/c12435/201712/8fa33e51ae0a4894ba6dd01c66ab1e0a. shtml，2022年4月20日最后访问。

作为对农村承包地试点改革的直接法律回应，2018 年底完成修正的《农村土地承包法》主要通过“总则”章第 9、10 条贯彻上述政策要求。农地“三权分置”改革最重要的内容是赋予新型经营主体一项全新权利，并赋予其对该民事权利自由“处分”，立法机关就此认为核心问题是“实现土地承包经营权和土地经营权的分离”,[①] 从而实现放活土地经营权的政策目标。从法理来看，立法机关的上述立场并不准确，而中央政策始终强调的一个重点，是土地经营权的“独立性”。

事实上，从承包农户已取得的土地承包经营权当中分离出一个独立的“土地经营权”，是家庭承包经营下重新激活承包地利用的必由之路。第一，城市化进程中农村中大量农民进城务工,[②] 农民收入来源多元化，土地收入的贡献率呈下降趋势，农民亲自种地的意愿减弱。第二，现代农业要求适度规模化经营、集约经营,[③] 但农民家庭承包所造成的农地分散经营局面，对新型经营主体的规模化用地带来困扰或阻碍。而农民亲自耕种土地时，农地利用效率并不理想。第三，承包地“三权分置”下的土地经营权，也不同于承包地流转中的“土地承包经营权出租（转包）”（2002 年《农村土地承包法》第 39 条）所引起的法律关系。从立法变迁上看，在 2002 年《农村土地承包法（草案）》审议之初，人们并未提及以“出租”方式流转土地承包经营权，只是立法过程中有关部门提出“以出租形式进行流转的情况较多”，立法机关才予以增加。[④] 这种立法调整实际上反映出，改革开放以来人们对农村土地利用的观念出现了重大变化，切合农村实际的多元流转方式得到了

---

① 在 2018 年 10 月《农村土地承包法修正案》二次审议时，全国人民代表大会宪法和法律委员会认为，农地“三权分置”改革的关键在于，家庭承包的农户在经营方式上的转变。参见胡可明：《全国人民代表大会宪法和法律委员会关于〈中华人民共和国农村土地承包法修正案（草案）〉修改情况的汇报——2018 年 10 月 22 日在第十三届全国人民代表大会常务委员会第六次会议上》，载《中华人民共和国全国人民代表大会常务委员会公报》2019 年第 1 期。

② 参见刘振伟：《完善农村土地承包法律制度》，载全国人大农业与农村委员会法案室编著：《农村土地承包法律制度研究》，中国法制出版社 2017 年版，第 15 页。

③ 参见中共中央办公厅、国务院办公厅 2014 年 11 月印发的《关于引导农村土地经营权有序流转发展农业适度规模经营的意见》。

④ 参见顾昂然：《全国人民代表大会法律委员会关于〈中华人民共和国农村土地承包法（草案）〉审议结果的报告——2002 年 8 月 23 日在第九届全国人民代表大会常务委员会第二十九次会议上》，载《中华人民共和国全国人民代表大会常务委员会公报》2002 年第 5 期。

认可。“出租”的流转方式，仅在承租人和出租人（原承包方）之间产生债之关系，但土地承包经营权本身未发生变动，即农户仍旧是特定地块上的土地承包经营权人。正是在这种意义上，原农业部2005年1月19日颁布的《农村土地承包经营权流转管理办法》（农业部令第47号，以下简称《承包经营权流转办法》已废止）第35条第5款所谓承包地“出租后原土地承包关系不变”的规定，恰恰是指基于原承包合同在发包方和承包方（出租人）之间仍具有物权效力（原《物权法》第127条第1款），承包地出租不影响原承包方具有的物权人的法律地位。不过，对于承租人而言，发包方或出租人（原承包方）随时可能收回承包地之风险，使其难以获得稳定土地预期，进而影响到对土地的长期投入和经营，容易产生短期逐利行为。

然而，在承包地“三权分置”下，土地经营权将赋予权利人更独立和可靠的利用土地的权能。一方面，获得土地承包经营权的农户可将土地经营权流转（《农村土地承包法》第9条），而仍继续保留请求承包农村集体土地的资格，并且在该流转合同期限结束后，承包方原则上自动恢复对承包地的支配和占有。另一方面，受让方（通常是新型经营主体）通过与承包方订立的流转合同可以占用土地、从事特定农业生产经营并取得收益（《农村土地承包法》第37条），土地经营权流转期限5年以上的，还能够申请不动产物权登记（《农村土地承包法》第41条、《民法典》第341条），进而以之融资担保（《农村土地承包法》第46、47条），增加土地经营权人的信用手段。在《农村土地承包法》修改以及《民法典》编纂过程中，我国学界虽就土地经营权性质和融资担保类型存在较大争议（下文详述），但立法者赋予农户/土地经营权人对土地经营权更为自由的处分能力，以服务农村土地利用实践需要，却是不争事实。[①] 并且，与原《农村土地承包法》“出租”流转方式中出租人之法律地位不同，土地经营权人能以其取得的权利进行融资，无疑扩展了承包地的财产能力。因此，与《物权法》时代的土地承包经营权相比，

① 参见刘振伟：《巩固和完善农村基本经营制度》，《农村工作通讯》2019年第1期，第23页；胡可明：《全国人民代表大会宪法和法律委员会关于〈中华人民共和国农村土地承包法修正案（草案）〉修改情况的汇报——2018年10月22日在第十三届全国人民代表大会常务委员会第六次会议上》，载《中华人民共和国全国人民代表大会常务委员会公报》2019年第1期。

《民法典》和《农村土地承包法》并行时代的土地经营权在承包地利用中扮演完全不一样的法律角色。

第二节 家庭承包经营中的"承包合同"

一、承包合同的作用及其变迁

2009年《农村土地承包法》(第4、5、16条)和原《物权法》(第117、118、125条)以集体土地所有权和土地使用权分离为基础，建立我国集体农地承包经营制度。原《物权法》明确将土地承包经营权规定为物权，并确立了多种流转方式(第128、133条)。根据新的《农村土地承包法》，土地承包经营权因农户承包本集体经济组织的农地而产生。具体而言，本集体经济组织的成员(农户)与发包方签订承包合同(新《农村土地承包法》第22条)后，土地承包经营权自承包合同生效时取得(第23条)。新《农村土地承包法》于2019年元旦生效后，随即在同年4月提交立法机关审议的《中华人民共和国民法典物权编(草案二次审议稿)》[以下简称《民法典物权编草案(二审稿)》]第128条第1款，以及《民法典》第333条对此均予以认可。唯其细微差异在于，在具体表述上，《民法典》第333条以"土地承包经营权合同"称之。不过，鉴于土地承包经营权的设立和变动只能出现于家庭承包领域，故应将上述土地承包经营权合同等同于新《农村土地承包法》第23条的"承包合同"。很明显，《民法典》编纂者认为这是一种通过法律行为方式取得用益物权的模式。"承包合同"作为物权取得依据的基础作用得到强调。

然而，在早期家庭联产承包责任制下，农地利用中的承包合同与土地承包经营权之间的关系却可能呈现异于纯粹私法意义上关系的其他面相。比如，将农户家庭涉嫌违反计划生育政策同承包方解除承包合同关联起来。而相较于原来的土地承包经营权，"三权分置"中的土地经营权也具备一些特殊功能，使承包地利用能够更好地回应现阶段农村社会需求。

承包合同或协议（作为土地承包关系的具体表现形式）[①] 是农民利用土地从事农业生产经营和取得土地承包经营权的前提。我国推行家庭联产承包责任制之初，由于有关土地法律的缺位，承包合同并非严格意义上的取得土地承包经营权的基础合同，与其今日法律定位存在明显差异。与肇始于2015年的新一轮农村土地制度改革的不同之处在于，自农民土地承包经营权流转中产生全新的“土地经营权”。准此，农村土地制度改革仍未脱离由《宪法》及《农村土地承包法》《物权法》等部门法所确立的承包责任制的整体范畴，农村土地利用模式仍只得借助于发包方土地所有权之上的土地使用权（与城镇国有土地上的建设用地使用权取得相类似）。传统民法上所有权之侧重归属的利用方式被弱化，农村土地的财产价值主要通过其功能性的利用方式，即借助土地承包合同得到体现！

从国家治理层面看，[②] 家庭联产承包责任制带来的农村土地承包合同是“治理术”在农村社会的运用。有学者早年即指出，农业税、统筹费和集体提留均通过承包合同实现，而农户不按时缴纳承包费用或不完成国家税收、不缴纳各种“统筹和村提留”，甚至未依法执行计划生育任务都可能成为解除土地承包合同的理由。因此，农地承包合同无法等同于中国近代的“租佃契约”，其不过是政府和农村基层干部对农村社会实行全面治理的杠杆和手段。不过，进入21世纪后，中央推进农村税费改革，随着农业税（俗称“土地税”）在法律上的正式废除，[③] 农村也不再实行以农民人均纯收入为依据向乡镇和村缴纳乡统筹、村提留政策，农户的承包合同的性质将迎来重大改变。

另一方面，在《物权法》实施之前，有司法判决认可承包合同（在某种

---

① 农户和本集体经济组织之间的承包合同是确立承包关系的前提。家庭联产承包责任制早期，书面或口头方式均可确立承包关系，2003年《农村土地承包法》施行后才规定应签订书面合同。另一方面，承包关系的认定属于重大问题，尤其在诉讼时。

② 1983年《中共中央 国务院关于实行政社分开建立乡政府的通知》（中发〔1983〕35号）发布后实行“废社建乡”，同时建立乡政府和乡党委，以家庭和承包地为依托的专项治理模式（通过承包合同、承包地调整和生育制度控制），使得国家在乡村的有效治理重新建立。参见应星：《农户、集体与国家——国家与农民关系的六十年变迁》，中国社会科学出版社2014年版，第60页。

③ 参见韩长赋：《中国农村土地制度改革——2018年12月4日在农业农村部农村改革40年专题会上的报告》，载《农业经济问题》2019年第1期。

程度上同时）具有治理属性，并因此将其区别于普通的民事合同（比如买卖、租赁等合同类型）。[①] 此外，也有学者将农村土地承包关系理解为土地租赁合同的特殊实现方式。[②] 而经济学者，比如张五常先生则认为，承包责任合约（responsibility contract），即农地承包合同是国家通过或长或短的“土地租约（a state lease of land）授予私有产权”[③]。就制度设置而言，农村土地承包经营权不过是普通农户通过签订一定期限的承包协议，在集体或国家土地上从事耕种、畜牧、养殖等农业生产行为，并获得相关劳动成果的权利。其架构大致与传统民法的永佃权（l' enfiteusi）法技术构成相同，后者是通过合同在他人土地上为占有、使用和收益，并支付地租的权利，而物权人实质上几乎取得所有权人的一切权利。[④]

现行法未规定承包农户应向土地所有权人交纳承包费用，[⑤] 与国有土地有偿使用的原则（《土地管理法》第2条第5款）不同，集体农地承包实行无偿原则，承包方（农村村民）无需向发包方或土地所有权人缴纳费用（支付对价）。承包合同中也不得约定承包费用及给付方式，否则无效。

不过，过去很长一段时间内，承包合同关系并不当然赋予农民物权权能，根据土地承包经营权之现实法律关系的内容和特点来看，某种程度上家庭联产承包制是“以合同形式实现土地所有权与土地使用权分离，农户所获得的土地使用权，性质上属于债权”[⑥]。对于“土地承包经营权”的性质，在《农

① 参见赵晓力：《通过合同的治理——80年代以来中国基层法院对农村承包合同的处理》，《中国社会科学》2000年第2期，第123页及以下。

② 参见李俊：《罗马法上的农地永久租赁及其双重影响》，《环球法律评论》2017年第4期，第143页。

③ 参见张五常：《中国的经济制度》，中信出版社2009年版（神州大地增订版），第138页。

④ Cfr., F. Gazzoni, *Manuale di diritto privato*, XV. ed., Napoli, 2011, p. 256; P. Perlingieri, *Manuale di diritto civile*, 6. ed., Edizioni Scientifiche Italiane, Napoli, 2012, p. 185.

⑤ 但实践中，除基本农田承包为无偿外，对于农民从事经济作物的经营承包，承包人通常应按每年每亩、每年每户等方式计算承包费用。参见北京市第一中级人民法院（2018）京01民终408号民事判决书、北京市第一中级人民法院（2018）京01民终154号民事判决书。

⑥ 参见陈甦：《土地承包经营权物权化与农地使用权制度的建立》，《中国法学》1996年第3期，第88页。文章认为，继续维持土地承包经营权的债权性质具有明显局限，应将其转化为物权性质的农地使用权。

村土地承包法》起草过程中，学界曾存在物权说和债权说之间的对立观点，[①]但在2007年《物权法》颁布后，基于物权法定原则上述争议的理论价值已趋于细微。尤其是《民法典》第331、333条将农户享有的土地承包经营权明确规定为一种用益物权的情形之时，更是如此。事实上，2009年《农村土地承包法》等法律法规[②]中所持土地承包经营权为债权的立场，源于中国农村社会长期以来曾存在的“地租”现象。农民可以从土地所有权人处取得土地，用于农业生产经营，但得“交皇粮”[③]，本质上是土地租金的一种表现，属于通过交纳税金而取得土地耕作的“租佃”模式，因此，人们才将土地所有者和使用者之间的关系界定为债之性质。

二、承包合同之私法价值的回归

如今，农地承包合同的法律定位，已完全摆脱早先其兼具社会治理和农村管理工具的模式。[④] 2006年伊始农业税的取消（废止了1958年6月3日通过的《中华人民共和国农业税条例》），意味着农民不再需要向国家或农村集体经济组织缴纳生产劳动成果或其他税费。农户取得土地承包经营权后，可在三十年或五十年不等的期限内将生产经营的收益悉数归于自己并自行支配。与此同时，存在有效的承包合同（承包关系的具体形式），是农民利用集体土地从事农业生产经营的前提。农村土地所有权仍属于集体（经济组织），农户家庭欲取得土地承包经营权只能通过与发包方签订承包合同。2007年《物权法》和2009年《农村土地承包法》实施后，承包合同已经纯粹服务于

---

① 参见中国社会科学院法学研究所物权法研究课题组：《制定中国物权法的基本思路》，《法学研究》1995年第3期，第7页。

② 《农村土地承包法》（2009年8月27日修正）、《农村土地承包经营权流转管理办法》（2005年1月19日农业部令第47号公布）。

③ 据全国人大常委会预算工作委员会有关负责人介绍，从1949年至2000年的52年间，全国共从农民手上征收了7000多亿公斤粮食。参见《农业税条例拟废止农民将彻底不用缴“皇粮”》，载新浪网，https：//news. sina. com. cn/o/2005 - 12 - 25/08197810548s. shtml，2022年5月22日最后访问。

④ 尽管20世纪80年代通过土地承包合同（农地调整）的专项治理在20世纪90年代仍旧延续，但该时期主要通过计划生育、殡葬、信访等专项治理模式，而进入21世纪，则形成了以项目（财政转移支付）为依托的专项治理。参见应星：《农户、集体与国家——国家与农民关系的六十年变迁》，中国社会科学出版社2014年版，第60 - 65、103 - 109、139页及以下。

土地上的农业生产活动，相反，一个农户能否承包集体土地跟其生育子女的多寡之间，也当然丧失了社会治理层面的关联。特别是，全国人民代表大会常务委员会于2015年12月27日和2021年8月20日分别对《人口与计划生育法》进行了两次修正，将原有规定“提倡一对夫妻生育一个子女”，依次修改为“国家提倡一对夫妻生育两个子女”“国家提倡适龄婚育、优生优育。一对夫妻可以生育三个子女”（第18条第1款）。在当今鼓励生育、奉行更为包容宽松的社会生育政策环境之下，农村土地承包合同当然不会也不可能与承包方是否违反计划生育政策（比如以前农户家庭出现“超生”现象），产生某种事实上的因果关系。因此，如今发包方与农户签订的承包合同已不再承担社会治理的任务，它完全是平等民事主体就农地利用达成的意思表示的一致，属于基于法律行为取得用益物权的方式（《农村土地承包法》第32条后段）。换言之，承包合同彻底摆脱社会治理角色，并将其作为取得用益物权的要件和基础，才真正契合将土地承包经营权定位为物权的法理逻辑。

需要注意的是，在一些实务人士看来，这种结论可能遭受质疑。原因可能来自以下考虑：《民法典》物权编中以国有土地建设用地使用权、地役权等用益物权的设立，“合同”（如土地出让合同）作为取得物权的前提（基础行为），自是必不可少，但是人们对其性质却有不同看法。[①] 根据《民法典》第215条，对于以登记作为物权变动设立要件的物权类型来说，这个旨在设立不动产物权的合同是否成立、生效或履行，均应按照《民法典》合同编有关规定（比如第502条）确定双方当事人的权利义务，故合同对于物权设立不具有决定意义。然而，这种观点难以获得支持。根据《民法典》第333条、第348条及第349条，不论是国有建设用地使用权的设立，还是土地承包经营权的设立，合同都是取得物权的必要条件和基础，否则权利人取得物权则丧失了根据。

---

① 参见王林清：《国有建设用地使用权出让合同性质辨析》，《现代法学》2018年第3期。该文对土地出让合同属于民事合同还是行政协议进行了探讨。

当然，由于农村土地的两种承包方式均以承包合同为基础，[①] 导致新《农村土地承包法》实施后，在其他方式承包场合下，“承包合同”生效时承包方是否立即取得了用益物权，不够明朗。不过，在对上述问题作出肯定回答之时，此种类型的承包合同仍属取得物权的一种私法工具。此外，根据2022年6月24日颁布、自2022年8月1日起实施的《中华人民共和国黑土地保护法》（以下简称《黑土地保护法》），国家对黑龙江省、吉林省、辽宁省、内蒙古自治区四省区的黑土地资源实行特别保护，以“稳步恢复提升黑土地基础地力，促进资源可持续利用，维护生态平衡，保障国家粮食安全”（《黑土地保护法》第1条）。不仅作为发包方的农村集体经济组织、村民委员会和村民小组，应当（有权）“监督承包方依照承包合同约定的用途合理利用和保护黑土地，制止承包方损害黑土地等行为”（《黑土地保护法》第17条第2款），并且，农业生产经营者承包经营权人或土地经营权人未尽到黑土地保护义务，将无法申请耕地保护相关补贴（第31条第3款）。因此，在黑龙江等四省区内的黑土地承包合同，将会承受比普通耕地承包合同更多法律上的限制。

第三节　土地经营权的性质和功能

一、土地经营权的类型划分问题

《农村土地承包法》修正后，根据第36条和第49条，在法体系上我国出现了两种不同类型的土地经营权。最明显的改变是，承包方以其他方式承包“四荒”土地场合，其取得的权利被明确为土地经营权，而不再是土地承包经营权（原《物权法》第132条）。不过，《民法典物权编草案（二审稿）》第135条以及《民法典》第342条均未明确遵循新《农村土地承包法》的立

① 即便是农村“四荒”土地承包经营权的设立，也同样依赖于土地承包合同。同旨参见崔建远：《物权：规范与学说——以中国物权法的解释论为中心》（下册），清华大学出版社2011年版，第518页。

场。此种改变或不一致，在法律解释上理应值得重视。《农村土地承包法》立法者以家庭承包所取得的土地承包经营权具有社会保障性为基础认为，其他方式承包取得的权利本身不涉及社会保障因素，不具有封闭性，故“在性质上不同于土地承包经营权”,[①] 将其改称土地经营权（新《农村土地承包法》第49条第1句），而不再是土地承包经营权，这种做法与2009年《农村土地承包法》存在明显差异。

仅从新《农村土地承包法》第49条第1句文义，不能立刻判定该土地经营权的性质，相反，应通过体系解释方法进行探讨。在将家庭承包的土地承包经营权作为用益物权的前提下（原《物权法》第125条、新《农村土地承包法》第23条），修法者的上述立场似乎表明，以其他方式承包所取得的土地经营权应属债权，不然如何在“性质上不同于”家庭承包的土地承包经营权呢？但根据新《农村土地承包法》第53条，其他方式承包所获得的权利“经依法登记取得权属证书”后，就能以包括抵押的方式进行流转。虽无法直接得出此种权利的设立方式，但由于土地承包经营权自合同生效时设立（《农村土地承包法》第23条），登记后能够对抗善意第三人，按照类推规则，修法者倾向于认为其他方式承包的权利应属用益物权，否则特别地规定“登记”和“取得权属证书”的要件，并无意义。换言之，以其他方式承包所取得的土地经营权之设立，亦采物权变动的意思主义。

事实上，从体系观点来看，我国实行农地二元承包的做法在新《农村土地承包法》中仍被坚持（第3条）。故此，不管农村土地是采用家庭承包还是其他方式承包，都需要签订承包合同（第22条和第49、50条），合同相对人均称为“承包方”。新《农村土地承包法》实施之前，通说认为我国并不存在两种性质不同的土地承包经营权,[②] 即以其他方式承包取得的土地承包经营权（2009年《农村土地承包法》第49条）亦为物权，可将其以转让、

① 参见胡可明：《全国人民代表大会宪法和法律委员会关于〈中华人民共和国农村土地承包法修正案（草案）〉修改情况的汇报——2018年10月22日在第十三届全国人民代表大会常务委员会第六次会议上》，载《中华人民共和国全国人民代表大会常务委员会公报》2019年第1期。

② 参见高圣平：《新型农业经营体系下农地产权结构的法律逻辑》，《法学研究》2014年第4期，第80页。

出租或抵押等方式进行流转。而新《农村土地承包法》中，以其他方式承包农村“四荒”土地的内容，位于《农村土地承包法》“分则”部分，[①] 其原本亦应适用位于“总则”部分的第9条（在同法第3条的意义下，家庭承包和其他方式承包两种方式均被第9条涵盖），成立土地承包经营权，但如今却被称为“土地经营权”，显然构成体系违反。故解释上，此种“土地经营权”虽有别于家庭承包的土地承包经营权，前者可由权利人自由处分，后者兼具“生产经营性质和社会保障性质”，[②] 不能用于担保，但无法否认二者同属用益物权的事实，否则，完全可将四荒土地利用关系定位为租赁，实无必要纳入《民法典》物权编当中。《民法典》并未明确区分两种土地经营权，第342条未规定以其他方式承包农地取得的权利名称，而仅提及此种权利“经依法登记”后，可以多种方式“流转土地经营权”。对比旨在贯彻“三权分置”的《民法典》第339条关于（家庭承包场合下的）土地承包经营权人可以多种方式“向他人流转土地经营权”的规定可知，解释上，其他方式承包取得的权利（所谓“土地经营权”）应同样是物权性质的土地承包经营权。

二、土地经营权属于债权

如上所述，新《农村土地承包法》主要通过第9条来建构“三权分置”，土地经营权获得全新“身份”（第37条）。不过，随后公布的《民法典物权编草案（二审稿）》贯彻承包地“三权分置”的方式稍有不同。它一方面肯定家庭承包的土地承包经营权可以转让或互换（第130条），同时在第134条之一规定“土地承包经营权人可以自主决定依法采取出租、入股或其他方式向他人流转土地经营权”（《民法典》第339条同此规定），形成了如下的权利架构：土地经营权从土地承包经营权独立出来，成为被处分的对象，其流转方式主要包括出租、入股或其他方式。即便如此，《民法典物权编草案

---

① 参见郭志京：《民法典视野下土地经营权的形成机制与体系结构》，《法学家》2020年第6期。

② 胡可明：《全国人民代表大会宪法和法律委员会关于〈中华人民共和国农村土地承包法修正案（草案）〉修改情况的汇报——2018年10月22日在第十三届全国人民代表大会常务委员会第六次会议上》，载《中华人民共和国全国人民代表大会常务委员会公报》2019年第1期。

(二审稿)》与《民法典》物权编的有关规定和《农村土地承包法》涉及“三权分置”安排的第9、36条仍有差别：前者仅认可土地承包经营权可独立出土地经营权，而未肯定承包方流转土地经营权时保留了土地承包权。这或许源于《民法典物权编草案（二审稿)》本身对于新《农村土地承包法》业已确立之农地“三权分置”具体构造的警觉，因为“土地承包权”的称谓在法律上根本没有意义。[①] 土地承包权并非法律术语，没有具体权利内容。在《农村土地承包法》修改之前的中央政策文件所谓“土地承包经营权分离出土地承包权”“稳定农户承包权、放活土地经营权”等表述，不过是为了强调土地经营权的独立性，而完成这种分离后，并不意味着承包农户享有的土地承包经营权就自动丧失。因此，所谓土地承包权属于“市场经济发展下的制度创新形式、以物权形式实现”的观点无法成立。[②] 相应地，2017年10月31日提交第十二届全国人大常委会第三十次会议首次审议的《农村土地承包法修正案（草案)》（以下简称《农村土地承包法修正案》[一审稿]）第二章“家庭承包”中的第6条第1款曾拟规定：“以家庭承包方式取得的土地承包经营权在流转中分为土地承包权和土地经营权”，并试图分别规定土地承包权和土地经营权的定义（该条第2款和第3款)，但修正后的新《农村土地承包法》第9条关于承包地“三权分置”的规定，并未采纳上述《农村土地承包法修正案》（一审稿）第6条的表述，而仅规定承包方可以将土地交由他人经营，“可以保留土地承包权，流转其承包地的土地经营权”。继而新《农村土地承包法》第37条规定了土地经营权的概念。立法上此种重大改变的益处在于，当人们就承包地“三权分置”的具体构造尚有疑问时，将其留给学界继续讨论而非通过法律径直作出判断，当为明智之举，相反，承认土地经营权的独立性，又能达成修法的目标，可谓一石二鸟。并且，《民法典》物权编只通过第340条（与新《农村土地承包法》第37条完全相同）规定了土地经营权人的权能，根本未提及所谓“土地承包权”。

---

① 参见高圣平：《土地承包经营权制度与民法典物权编编纂——评〈民法典物权编（草案二次审议稿)〉》，《法商研究》2019年第6期，第19页。

② 李红娟：《农村土地承包经营权流转制度改革与实践研究》，中国社会科学出版社2021年版，第57页。

此外，由于新《农村土地承包法》实施之后，《民法典物权编草案（二审稿）》以及《民法典》物权编，均未涉及土地经营权再流转的问题。从这一点上来看，它们未完全遵循《农村土地承包法》第46条的做法，故只能根据2022年3月1日实施的《最高人民法院关于适用〈中华人民共和国民法典〉总则编若干问题的解释》（法释〔2022〕6号）第1条第2款“就同一民事关系，其他民事法律的规定属于对民法典相应规定的细化的，应当适用该民事法律的规定”之规定，将《农村土地承包法》作为特别法而优先适用。

识别土地经营权的性质在理论和法适用上具有重要价值，这是我国担保物权制度的内在要求，也是贯彻现行法物债二分的必然结果。

一方面，从法规范使用的术语推断，《农村土地承包法》修法者欲将其他方式承包产生的“土地经营权”，等同于基于家庭承包之土地承包经营权派生出的土地经营权。而后一土地经营权要么属于用益物权，要么属于债权。因此，承包地“三权分置”下，若家庭承包取得的土地经营权属于用益物权，则其他方式承包场合的土地经营权也应属于用益物权，进而可能导致的法体系效应则是“土地经营权”既可产生于农地所有权，也可产生于土地承包经营权。对此，学界有观点认为，将土地经营权定位为用益物权，更利于对新型经营主体的保护。[①] 同时，由于新《农村土地承包法》第47条第1款允许以土地经营权向金融机构进行融资担保，立法者似乎更倾向于物权说。[②] 然而，此种结论令人生疑。首先，不能因为物权相较于债权对于权利人保护更直接或便利（比如，物权请求权的成立无需考虑行为人是否存在过错），就将土地经营权预设为物权，相反，某一法律关系性质的确定亦应考虑权利体系的逻辑层次。其次，土地承包经营权以占有承包地为前提（否则物权人无法从事农业生产经营），倘若土地经营权亦为用益物权，则势必出现对同一土地设立两个以占有为内容的用益物权的情况，但家庭承包场合，法律无法使

---

① 参见陈小君：《土地经营权的性质及其法制实现路径》，《政治与法律》2018年第8期，第6页。类似观点认为，土地经营权非为债权，而应为不动产用益物权，参见丁文：《论“三权分置”中的土地经营权》，《清华法学》2018年第1期，第114页以下。相反观点认为，土地经营权兼具债权性质和物权性质，参见彭诚信、畅冰蕾：《“三权分置”中土地经营权的立法论思考》，《河南社会科学》2018年第8期，第9页及以下。

② 参见黄薇主编：《中华人民共和国农村土地承包法释义》，法律出版社2019年版，第201页。

两个物权人同时取得承包地的占有，这会违反一物一权原则。唯一的解释只能是，农地“三权分置”下，土地承包经营权人可就承包地再行设立一种债法性质的使用方式，将占有交由新型经营主体取得，并由后者取得收益。再次，若土地经营权为用益物权，人们无从找到权利转让的来源：土地承包经营权人“流转”土地经营权时，并未将从本集体处取得的土地承包经营权“让与”土地经营权人，相反，其与发包方的承包关系不变（第44条）。

另一方面，土地经营权性质的界定，对于融通物权规则和债权规则具有体系化价值。通常，不动产及不动产权利适宜作为抵押权客体（《民法典》第395条第1款、原《物权法》第180条第1款前3项），而一般金钱债权存在适用于质押的可能。尽管两种模式都能实现（农地）融资目的，但在担保物权实现方式上却有着本质差异。若将定位为用益物权的土地经营权设立抵押，根据《民法典》第410条第1款的文义，在债权人需要实现抵押权之时，将承包地折价或拍卖、变卖，通常可使得债权人直接受偿。然而，若以定位为债权的土地经营权设立质押，由于设质债权涉及第三人（主要表现在该债权需要第三人即债务人为给付，始得满足），质权实现时则需确立不同的规则。学界有观点认为，① 应从体系上统一合同法债权让与和债权质押规则，包括统一对内效力与对债务人效力，对实行债权质权设立特别规则。

在比较法上，意大利的处理方式是，在债权法部分将债权多重转让对第三人效力规则适用于债权质押（《意大利民法典》第1265条）。在这种意义上，《农村土地承包法》修法者搁置土地经营权性质争议的做法，虽显务实却非明智。因此，在原《物权法》未明确规定一般债权质押的情况下，区分土地经营权属于物权还是债权的重要意义还表现为：可以系统化担保物权客体，扩充担保物的范围，克服法适用弊端。当然，为稳定土地经营权人经营预期，在法技术上，《农村土地承包法》第41条关于土地经营权设立之登记对抗主义的规则是可取的，赋予当事人一定的选择自由也显得切合实际。在民法典编纂过程中，这种登记对抗主义的立场得到重申。《民法典》第341

① 参见李宇：《民法典中债权让与和债权质押规范的统合》，《法学研究》2019年第1期，第66页及以下。不同观点认为，应区别普通债权质权和应收账款质权，对后者以特别法进行调整。参见刘平：《去存法典化：应收账款质权路径反思与制度重塑》，《交大法学》2018年第4期，第89页。

条后半段沿用《民法典物权编草案（二审稿）》第 143 条之三的规定，将是否进行登记的选择权赋予交易双方：土地经营权期限为五年以上的，当事人可以申请土地经营权登记，但未经登记不得对抗善意第三人。

虽然新《农村土地承包法》为贯彻承包地“三权分置”试图对“流转”（客体）的范围予以限缩，即仅指向土地经营权，并以出租和转包方式为典型，完全不同于2009 年《农村土地承包法》将流转范围包括转让、互换和出租、转包（代耕）等情形的模式。但需要明确的是，即便新法之下，家庭承包中各当事人之间法律关系的产生和变动，仍均以合同（法律行为）为基础。一方面，涉及土地承包经营权时，应签订承包合同，自农户与发包方的承包协议生效时，土地承包经营权设立；而在流转场合，转让协议生效之时，受让方即取得土地承包经营权，并确立了登记对抗原则（第 35 条）。上述情形均使得在同一地块的所有权上形成新的用益物权。另一方面，涉及土地经营权时，应签订流转合同，受让方和承包方为合同当事人，承包方以取得的土地承包经营权为基础设定负担，且使得后者实际占有（或支配）承包地。如上所述，若以出租（转包）方式流转土地经营权，则所谓流转合同就是出租（转包）合同，由于承包方“与发包方的承包关系不变”（第 44 条），流转土地经营权属于承包地的债权性利用，性质上类似于限制物权人对属于自己所有之不动产的转租行为，[①] 根据相对性原理，该流转合同仅对承包方和受让方具有效力。

然而，若将土地经营权定位为债权，则更容易解释“三权分置”的农地利用关系。在家庭承包经营下，作为用益物权的土地承包经营权构成对集体土地所有权之上的负担，土地承包经营权人可以选择农地经营的方式——或者自营，或者他营。农户自营时，“承包土地的经营权”即为土地承包经营权，无区分之必要。[②] 此时，可将其理解为公法上的成员权在土地承包关系

---

① 反对意见认为，转包或出租的租赁权因为“买卖不破租赁”等特别规定的存在，具有优先于物权的效力。参见李国强：《论农地流转中“三权分置”的法律关系》，《法律科学》2015 年第 6 期，第 187 页。当然，由于租赁合同最长期限为二十年，在出租、代耕等流转方式中，承包人与受让人之间的土地租赁合同期限与合同法的规则如何协调也应进行研究。就此，参见单平基：《“三权分置”中土地经营权债权定性的证成》，《法学》2018 年第 10 期，第 51 页。

② 参见高圣平：《承包土地的经营权抵押规则之建构》，《法商研究》2016 年第 1 期，第 5 页。

上的具体化。土地承包经营权人在获得承包地后可以选择：完全退出对该幅土地的用益关系（比如转让其土地承包经营权），即自己不再耕种；或者只是在某一段时间对土地承包经营权设定负担，由受让方实际耕种，自己仍旧维持与土地所有权人之间的原有承包关系（物权关系）。后者情形下，受让方基于流转合同取得的土地经营权，是完全市场化权利，此时农地产权的法律构造表现为“所有权—用益物权—债权”。在这种意义上，承包方完全可以将土地交由他人经营（所谓“流转土地承包经营权”），为他人设立土地经营权，也符合《三权分置意见》提出的“放活土地经营权”、赋予当事人更多选择自由的政策要求，[①] 而承包方的土地承包经营权仍为一个整体性的用益物权。因此，家庭承包场合下的承包方“流转其承包地的土地经营权”时，新《农村土地承包法》第9条所谓“承包方可以保留土地承包权”的规定，显得毫无意义，俨然成为赘文，毋宁是承包方仍保留了土地承包经营权，而不存在私法上将土地承包经营权分为土地承包权和土地经营权的可能。

相应地，以其他方式承包取得的土地（承包）经营权始终被定位为市场化的权利，但在新《农村土地承包法》的规定下，需要重新检讨其性质。如上所述，家庭承包下农地流转所形成的土地经营权应属债权，而其他方式承包取得的权利——根据《农村土地承包法》第9条——应为“土地承包经营权”，否则新《农村土地承包法》继续确认的两种基本承包模式将被颠覆。据此，新《农村土地承包法》第49条第1句“以其他方式承包农村土地的，应当签订承包合同，承包方取得土地经营权”的规定，实属定位错误：解释上，以其他方式承包农村土地的承包方基于有效“承包合同”取得的权利，应为土地承包经营权。[②] 并且，以其他方式承包农地的承包方在依法登记、取得土地承包经营权后，可以像家庭承包的农户一样，可以转让、出租或抵

① 参见高圣平、王天雁等：《〈中华人民共和国农村土地承包法〉条文理解与适用》，人民法院出版社2019年版，第233页。

② 参见滕佳一：《土地经营权融资担保的性质与实现》，《中国不动产法研究》2021年第1辑（总第23卷），社会科学文献出版社2021年版，第126页以下。不同观点认为，新法之下，土地承包经营权的主体仅限于作为本集体经济组织成员的承包农户。参见高圣平：《农地三权分置改革与民法典物权编编纂——兼评〈民法典各分编（草案）〉物权编》，《华东政法大学学报》2019年第2期，第19页。

押等方式对承包土地进行流转。使得第三人以物权性利用（如转让）或债权性利用（如出租）方式，取得承包地的使用或占有，尤其可以土地经营权作为担保财产，以为融资之用。表面上，以其他方式承包农地的承包方在不退出与发包方之间的承包关系时，他也能为受让方设立土地经营权，将后者定位于债权似乎也是合适的：土地所有权人和承包方形成物权关系，而承包方和受让方形成债之关系，其权利层次构造为“土地所有权—用益物权—债权”，这与家庭承包中新型经营主体（受让方）的土地经营权形成方式相吻合。《民法典》第342条意图贯彻新的农地利用关系，但在重复新《农村土地承包法》第53条的同时，也未对此种类型的承包所获得的权利之性质作出规定对比原《物权法》第133条后半段。

相反，若将以其他方式承包取得的权利定位为债权，则在体系上可推导出的必然逻辑效果就是：因承包方式不同，农地利用会形成两种法律结构——若流转，在家庭承包场合表现为“土地所有权—用益物权—债权”，而其他方式承包场合则为“土地所有权—债权”。然而上述推论应被否定。因为《农村土地承包法》修法者在第49条继续使用“承包合同”的术语，恰恰在于表明，以其他方式承包的承包方可基于该合同取得作为用益物权的土地承包经营权。换言之，以其他承包方式取得的农地权利应为用益物权。人们难以在用益物权上再设立另一种同样以“物之用益”为目的的用益物权，[①]更为重要的是，人们难以解释同为用益物权的家庭承包方式的土地承包经营权和以其他方式承包的土地（承包）经营权之间的差别究竟何在。

三、土地经营权的制度功能

诞生于我国农业生产实践之冒险行动的农村土地承包经营权是通过承包合同从抽象的“他人”（集体或国家）处获得土地从事生产经营，其设立规则与所谓“农地使用权”[②] 不尽相同，且具有复杂性。原《物权法》以农村

---

① 相反观点认为，现行用益物权范围应扩张到权利型用益物权。参见蔡立东、姜楠：《承包权与经营权分置的法构造》，《法学研究》2015年第3期，第37页。

② 农地使用权的术语曾为学界所推崇，参见梁慧星主编，陈甦执笔：《中国民法典草案建议稿附理由·物权编》，法律出版社2013年版，第410页。

尚属熟人社会为由，[①] 仅以承包合同生效为其设立要件（第127条第1款），此种思路通过新《农村土地承包法》第23条（《民法典》第333条第1款亦同）得到强化。显然，自《物权法》颁布后，我国立法者（也包括司法者）试图以私法上权利配置的思维（区分旨在产生权利取得的基础合同和物权设立本身），对待农民和集体之间因土地利用产生的私法关系。此种将农民种地的权利定位于用益物权的立场，有助于农民较为自主地从事农业生产，也抑制了集体（或者集体经济组织、村委会，或者发包方）利用土地发包过程中的先天优势地位对农民承包土地的随意干涉。

另一方面，对农地承包关系配置私法规则之时，却忽略了作为集体经济组织成员的农民（承包方）与本集体经济组织（发包方）在公法上的内在关联。以至于在处理土地所有权和土地承包经营权之间的关系时，特别在强调农民可以将承包地交由非集体经济组织成员的第三人经营时，容易产生误区。

具体来说，农民有权以家庭承包方式利用本集体的承包地，是基于其公法上集体成员的身份，因此，村集体经济组织或村委会可作为本集体的“代表”，管理村农民集体所有的土地（《村民委员会组织法》第8条、《民法典》物权编第262条），即“代表”本集体行使土地所有权，土地承包方案应当经村民会议或村民代表会议决定（《村民委员会组织法》第24条）。《三权分置意见》所谓“农户享有土地承包权是农村基本经营制度的基础”的政策提法，不过是在强调劳动群众集体所有制下农民与其所属的集体之间就农地利用的内在要求。准此，农民承包土地的资格，即所谓土地承包权，并非纯粹私法上的权利类型。[②] 而新《农村土地承包法》生效后，中共中央、国务院2019年11月发布的《关于保持土地承包关系稳定并长久不变的意见》（以下简称《土地承包关系稳定意见》）关于集体成员平等享有“土地承包权”的

---

① 参见全国人大常委会法制工作委员会民法室主编：《中华人民共和国物权法：条文说明、立法理由及相关规定》（第二版），北京大学出版社2017年版，第269页。学界则有人以农地登记未全面建立为由，主张维持登记对抗主义，参见尹田：《论物权对抗效力规则的立法完善与法律适用》，《清华法学》2017年第2期，第42－43页。反对意见更多是考虑不动产物权公示的统一，参见崔建远：《民法分则物权编立法研究》，《中国法学》2017年第2期，第61－62页。

② 不同观点，参见马俊驹等：《农村集体土地所有权的分解与保留——论农地“三权分置”的法律构造》，《法律科学》2017年第3期，第143页。

要求，也不过是农村集体经济组织成员享有“依法承包集体土地”的权利[①]（即现行法的土地承包经营权）的便宜称谓。在承包地利用关系中，将土地承包权纳入私法体系，属于明显的定位错误。相反，农户承包农地的资格或权利，在私法上首先应是实际取得承包地、进行农业生产并获得土地产出的一种用益物权，即土地承包经营权应为农民集体土地所有权上的一种负担。[②]因此，那种认为承包地“三权分置”是集体所有权分解而带来的土地变革的观点，属于将所有权理解为可不断分散的权利束的典型立场，这与所有权本身具有整体性、全面性的法理不符。

与此同时，从土地承包经营权产生出来的土地经营权由受让方（新型经营主体）取得时，已然脱离了前者的身份性要素，不再具有社会保障性，其技术核心在于更为自由地对承包地的处分，在功能上更强调纯粹的财产权利属性。正是在这种意义上，受让方始能占有土地开展农业生产，获得收益，并在承包方同意的前提下可将其再转让或用于融资担保（《农村土地承包法》第46、47条）。可见，由农户取得的土地承包经营权派生之土地经营权，虽借“流转合同”之名而设立，但完全没有前者所具有的公法色彩，也不承担劳动群众集体所有制（《宪法》第8条第1款）下的政治功能，使得农地利用更为灵活。此种土地利用模式变革既能使农户继续保留土地承包经营权，自行经营；又能通过为他人（新型经营主体或受让方）设置土地经营权，使其获得农地进行生产经营，而自己仍维持与发包方的承包关系（《农村土地承包法》第44条）。受让方取得的土地经营权成为完全的市场化权利，从而为农地适度规模化经营扫清法律上的障碍，克服农地分散经营、碎片化经营弊端，提高土地利用效率。

此外，基于生产资料的劳动群众集体所有制，本集体中所有成员都对集体土地（耕地）享有使用的权利，这是我国经济制度基础在承包地利用上的

---

① 参见2019年11月26日中共中央、国务院联合发布的《关于保持土地承包关系稳定并长久不变的意见》之“三、准确把握‘长久不变’政策内涵”部分。

② 高圣平：《论农村土地权利结构的重构——以〈农村土地承包法〉的修改为中心》，《法学》2018年第2期，第15页及以下。相反观点，参见丁文：《论土地承包权和土地承包经营权的分离》，《中国法学》2015年第3期，第167页以下。

体现。因此，土地承包方案如何确定、集体收益如何处理、征地补偿费如何分配等，均属公法范畴。只有在承包方案确定后，村民需要将自己承包地的范围区别于他人承包地时（物权的对世性），即在村民通过何种方式才算取得了土地承包经营权、该权利的内容有哪些等问题上，才有私法规则适用的空间。未坚持这种区分，是导致农地“三权分置”讨论中产生诸如土地承包权派生出土地承包经营权、土地承包经营权可派生出土地经营权和土地承包权等错误观点的根本原因。

第二章　“流转”客体问题：承包地流转还是土地经营权流转

第一节　实在法中农地法律关系变动的具体形态

依原《物权法》相关规定，土地承包经营权作为用益物权，[①] 与土地所有权相分离而又紧密相连，属于广义上“土地使用权”的范畴，在私法上是一种利用他人土地而取得收益的限制物权。新《农村土地承包法》第 8 条、第 17 条，《民法典》物权编第 331 条均予以确认。事实上，从法体系来看，其形成原理可以追溯到《民法典》第 241 条前半段“所有权人有权在自己的不动产或者动产上设立用益物权和担保物权”的规定。不过，在农地承包领域，具体权利结构围绕所有权人—土地承包经营权人而开展。就比较法而言，与我国农村土地承包经营权相类似的制度，应是传统民法中的用益权（usu-

① 原《物权法》第十一章第 124－134 条。土地承包经营权是《宪法》（第 8 条第 1 款）所确定的、“集体经济组织的经营体制”的具体表现形式，而家庭承包经营则是双层经营体制的基础或核心。参见全国人大常委会法制工作委员会民法室主编：《中华人民共和国物权法：条文说明、立法理由及相关规定》（第二版），北京大学出版社 2017 年版，第 262 页。在土地承包经营权的变动方式中，依原《物权法》第 129 条（以“互换、转让”方式流转），未经登记的土地承包经营权虽不得对抗善意第三人，但仍非债权，而是一种产生于集体或国家土地所有权之上的用益物权。参见崔建远：《物权法》（第三版），中国人民大学出版社 2014 年版，第 271 页。

frutto)。[1] 用益权虽然最早起源于罗马家庭法领域，但其制度基础却在于市民法的孳息和所有权制度，从而形成一种新的对物的利用方式。[2] 用益权人与空虚所有权人对用益物享有不同权利，但用益权人不得损坏物的实体。[3]

大陆现代民法对罗马法用益制度进行了改造。德国法上，用益权（Nieβbrauch）的核心是权利人享有用益权利（Nutzungsrecht），并取得占有权利（《德国民法典》第 1036 条第 1 款），但不存在处分型用益权。[4]《法国民法典》第 578 条以用益权人和空虚所有权人分别就用益物形成不同的利用关系为基础，提出了用益权的定义，[5] 法国传统理论也认为用益权派生于所有权，属于所有权权能的重新分配。[6] 意大利法上，作为限制物权的用益权，[7] 须以维持用益物的经济用途为前提（《意大利民法典》第 981 条），[8] 其最本质的内容是权利人在特定期限当中享有对他人之物进行用益的权利，并能够收取孳息，因此它也意味着对客体在一定范围内的支配力。用益权终止后，空虚所有权将自动恢复其完全支配权能。[9] 同时，传统民法中的用益权人还可以订立租赁契约（通过债之方式），由他人取得对用益物的使用（《意大利民法典》第 999 条、《德国民法典》第 1059 条第 2 句）。此外，用益物客体范围不限于不动产，还包括动产（《法国民法典》第 581 条、《德国

---

① 20 世纪 90 年代梁慧星研究员及其研究团队受我国立法机关委托主持起草《物权法草案》。梁慧星先生在介绍“农地使用权”的参考立法例时，提到了《日本民法典》第 270 条规定的“永佃权”，似乎表明我国实在法的土地承包经营权类似于永佃权。参见梁慧星主编：《中国民法典草案建议稿附理由 · 物权编》，法律出版社 2013 年版，第 408 页。

② 参见肖俊：《“居住”如何成为一种物权——从罗马法传统到当代中国居住权立法》，《法律科学》2019 年第 3 期，第 99 页。事实上，到罗马法古典时期，用益权与继承权、债权一起被古典法学家归入无形物之中（Gai. 2，14）。

③ 参见［意］彼德罗 · 彭梵得：《罗马法教科书》（修订版），黄风译，法律出版社 2015 年版，第 195 页。

④ 参见［德］鲍尔，施蒂尔纳：《德国物权法》（上册），张双根译，法律出版社 2004 年版，第 696 页以下。

⑤ 参见［法］泰雷，森勒尔：《法国财产法》（下），罗结珍译，中国法制出版社 2008 年版，第 921 页。

⑥ 参见尹田：《法国物权法》，法律出版社 2009 年版，第 350 页以下。

⑦ Cfr.，Alberto Trabucchi，*Istitutzioni di diritto civile*，CEDAM，2012，p. 629 ss.

⑧ Cfr.，Francesco Gazzoni，*Manuale di diritto privato*，Edizioni Scientifiche Italiane，2011，p. 258.

⑨ A. Trabucchi，*supra note*，p. 954；anche De Cupis，Voce *Usufrutto*（*diritto vigente*），in Enciclopedia del diritto，Giuffrè，1992，Milano，p. 1115.

民法典》第1032条）。准此，用益权人就用益物形成两种不同性质的使用方式：权利人自身与用益物产生直接的支配—利用关系，或通过租赁协议将用益物交由他人实际利用。前者中，实际利用人与用益物形成物权关系，而后者形成债之关系。

就我国农地利用的法律模式而言，土地承包经营权人通常是在集体所有的土地上从事农业生产活动，在取得承包地利用之时，所获收益均归其所有（《农村土地承包法》第17条第1项），并禁止改变土地用途（第18条）。相应地，按照农户是否将自己从集体处获得的承包地交给他人耕种，产生两种不同的法律关系。第一种是受让方取得土地承包经营权，并直接与土地所有权人建立法律关联，原承包方与该土地的承包关系终止，即后者不再支配农村土地；第二种是受让方并未取得土地承包经营权，原承包方与发包方之间的法律关系不变，受让方仅能依据与原承包方的（流转）协议对土地进行耕种。很明显，基于承包地的物权性利用和债权性利用的区分，前一种法律关系属于物权性利用方式，后一种法律关系属于债权性利用方式。对于此种发生在农地上的权利变动，我国实在法曾统一冠以土地承包经营权流转之名（2009年《农村土地承包法》第32条）。因此，在这种意义上，也可以分为土地承包经营权之物权形式的流转和债权形式的流转。① 前者强调土地承包经营权主体发生变动即转让，由流入方（受让方）取得了土地承包经营权，最为典型者是互换和转让方式。后者的效果是流入方仅仅与流出方（承包方）建立一种债权债务关系，而原承包方仍是承包地的物权人，且承包合同仍旧约束承包方和发包方，其典型形态是出租方式（2009年《农村土地承包法》第39条）。

在上述第一种类型中，又区分为土地承包经营权的原始取得和继受取得（传来取得）②。根据《民法典》第311条第3款关于参照适用物之所有善意取得的规定，土地承包经营权存在原始取得的可能性（比如发包方针对同一

① 相同立场，参见李红娟：《农村土地承包经营权流转制度改革与实践研究》，中国社会科学出版社2021年版，第32页以下。

② 物权之原始取得和传来取得的区别在于，与前权利相比，是否产生一个新权利。参见［德］卡尔·拉伦茨：《德国民法总论》（下册），王晓晔等译，法律出版社2003年版，第318页以下。

幅农村承包地的“双重发包”)。同时，农户就某幅地块以家庭承包方式通过签订承包合同取得土地承包经营权，谓创设的继受取得,① 而各集体经济组织成员之间通过土地承包经营权转让、互换而取得农地利用，谓移转的继受取得，此二者均属于承包地物权性利用模式。相反，通过出租（代耕、委托耕种）等流转方式形成的承包地使用关系，则属于债权性利用模式。根据2009年《农村土地承包法》的有关规定，“流转”的客体是“土地承包经营权”（第2章第5节节名即是“土地承包经营权的流转”)。同法第32条曾规定“通过家庭承包取得的土地承包经营权可以依法采取转包、出租、互换、转让或其他方式流转”，并且“土地承包经营权流转”通常是有偿的（第10条)。然而，“流转”的内涵在新《农村土地承包法》中发生了巨大变化。

新《农村土地承包法》一方面肯定家庭承包场合下承包方的土地承包经营权应受保护（第8条)；另一方面规定土地承包经营权人“也可以保留土地承包权，流转其承包地的土地经营权，由他人经营”（第9条)。从文义上看，流转关系仅涉及“土地经营权”，似乎与承包方可依法自愿有偿“流转土地经营权”的规定（第10条）相符。然而，若比较一下2009年《农村土地承包法》的相关规定就能发现，“流转”对象的问题似乎就没那么简单。此外，原《农村土地承包法》第二章“家庭承包”中“土地承包经营权的流转”一节被替换为“土地承包经营权的保护和互换、转让”，相应地，新《农村土地承包法》未将“转让”和“互换”作为具体流转方式，与2009年《农村土地承包法》形成鲜明对比。《农村土地承包法修正案》甚至直接将旧法涉及转让和互换条文中的“土地承包经营权”术语分别替换成“承包的土地”和“承包地”（比较2009年《农村土地承包法》第41条和《农村土地承包法修正案》第33条)。对于新《农村土地承包法》在流转方式上出现的此种重大变化，需要从转让和出租（转包）之间的区别出发加以解释，并检验此种改变是否符合农地改革目标。

按照承包人和经营人是否分离，土地承包经营权之上的法律关系呈现出

① 权利的继受取得，可以二分为移转的继受取得和创设的继受取得，参见梁慧星、陈华彬：《物权法》(第七版)，法律出版社2020年版，第80页。

不同的样态。根据2009年《农村土承包法》第32条，家庭承包场合下土地承包经营权设立后，赋予承包人比较完整的用益物权权能，并且，“土地承包经营权流转”包括转让、互换、转包、出租等多种“流转”方式（形态）。其中，转让、互换属于承包地物权性利用（流转）方式。相反，非物权性利用方式则包括出租、转包、入股等。在类型化视角下，此处主要讨论“转让”“转包”或“出租”等流转方式的效力规则及其差异。

就土地承包经营权“转让”的要件而言，可从转让人和受让人两方面进行讨论。首先考察转让人方面。倘若基于土地承包经营权属于债权的立场，则转让人（承包方）通过“转让”方式流转土地承包经营权时，得“经发包方同意”（2009年《农村土地承包法》第37条第1款后半段、第41条，《不动产登记暂行条例实施细则》第50条第2款）的规定，便不难理解。原因在于，这与债务承担（《民法典》第551条第1款、原《合同法》第84条）的法理逻辑如出一辙：债务人的履行能力（给付能力）对债权人债权实现意义重大，因此债权“转让”时须经后者同意。① 有观点提出，通过家庭承包取得的土地承包经营权之“转让”，应取得发包方同意，还源于该制度具有社会保障功能，它能够消解社会负担。②

然而，在强调土地承包经营权是一种由法律规定的（用益）物权、强调其独立于集体土地所有权，并发挥对特定土地的支配性和排他性的视野下，以转让方式流转土地承包经营权应当“经发包方同意”的规定，已无存在必要。一方面，基于物权法定原则，土地承包经营权属于物权，其转让、抵押均应适用《民法典》第114条第2款（原《物权法》第2条第3款）规定的物权人对物的直接支配规则，即农民取得的土地承包经营权是否流转、以何种方式流转，皆属物权人意思自治的范畴；另一方面，《农村土地承包法》确立的“不得改变土地所有权性质”“不得改变土地的农业

---

① 参见崔建远主编：《合同法》（第六版），法律出版社2016年版，第182页。

② 参见崔建远：《土地承包经营权的修改意见》，《浙江社会科学》2005年第5期，第66页。当前，土地承包经营权具有社会保障功能仍是学界主流观点，参见陈锡文等：《中国农村改革30年回顾与展望》，人民出版社2008年版，第60页及以下；王利明：《物权法研究·下卷》（第3版），中国人民大学2013年版，第848页。有观点进一步认为，其旨在实现集体土地所有权的制度目标，参见韩松：《土地承包经营权调整的立法完善》，《法学杂志》2010年第12期，第28页。

用途”，以及农用地转为建设用地受到严格控制等规定，也能够保障土地所有人的集体利益。①

如果说“经发包方同意”的要求，是基于对土地承包经营权的债权定位之认识，则土地承包经营权转让的另一限制条件，即“承包方有稳定的非农职业或者有稳定的收入来源”，多少显得牵强。事实上，原《农村土地承包法》第41条这一规定，源于立法时有意见提出“绝大多数农村的农民在较长时期内还得依靠承包经营的土地为生，不能因随意转让而丧失赖以生存的土地”的政策考虑。② 从法技术构成看，此种限制条件与土地承包经营权转让本身不具法律上关联性，通过法律行为（承包合同）取得不动产物权，端赖当事人是否基于合法行为并进行必要公示。相反，原承包方是否具有稳定职业或者稳定收入，均属于承包人（转让人）转让土地承包经营权的外部条件，其作为“经济理性人”可自主判断是否将承包地进行转让，倘若仰赖“三分薄地”生存，自不会将其转让给他人。并且，从实际情况来看，允许农户转让土地承包经营权，并未造成社会问题。此外，根据“承包地不得买卖”的禁止性规定（原《农村土地承包法》第4条第2款、《土地管理法》第2条第3款），也不会造成农民大量失地的局面。换言之，《农村土地承包法》制定过程中的此种政策考量，反映出农地立法中的强烈“家父”主义色彩。另一方面，我国现阶段农民工大量进城务工，土地不再是农民谋生的最重要手段，其完全可以务工收入维持和支撑家庭支出。因此，发包方同意和承包方具有稳定收入等限制条件，不应成为土地承包经营权转让的构成要件。新《农村土地承包法》第34条关于土地承包经营权转让的要件采纳了学界观点，将承包方有稳定收入的要求予以删除，值得肯定，不过，转让土地承包经营权需经发包方同意的规则仍被保留下来。

其次，考察流转关系中的受让人要件。一方面，对于承包地转让、互换

---

① 参见温世扬、兰晓为：《土地承包经营权流转中的利益冲突与立法选择》，《法学评论》2010年第1期。

② 参见顾昂然：《全国人大法律委员会关于〈中华人民共和国农村土地承包法（草案）〉修改情况的汇报——2002年6月24日在第九届全国人民代表大会常务委员会第二十八次会议上》，载《中华人民共和国全国人民代表大会常务委员会公报》2002年第5期。

中的受让人范围，看似皆无“同一集体经济组织的其他农户”的身份限制，但根据2009年《农村土地承包法》第40条关于土地承包经营权互换只针对“同一集体经济组织的土地”之规定，受让人范围局限于本集体之内，而关于土地承包经营权转让的第41条虽只要求受让人是“其他从事农业生产经营的农户”，但由于转让将导致原承包方退出承包关系，解释上受让人的范围也应限定在本集体成员当中。故上述两种流转方式的受让人均须具有特定身份。另一方面，对于以转让方式流转土地承包经营权的受让主体，《承包经营权流转办法》（原农业部2005年颁布）与2009年《农村土地承包法》的规定并不一致。原则上，有农业经营能力的农户和“其他从事农业生产经营的农户”都能通过转让方式获得土地承包经营权。二者区别在于，2009年《农村土地承包法》第33条第4项只要求“受让方须有农业经营能力”，而《承包经营权流转办法》第35条第1款（“让渡给其他从事农业生产经营的农户”）却将其范围予以限缩。表面上，农村土地承包经营权似乎只能向“其他从事农业生产经营、具有农业经营能力”的受让人流转。主流观点倾向于否定《承包经营权流转办法》第35条第1款确立的要求，[①] 实际上，开放土地承包经营权转让中对受让人的限制，并无制度上和效果上的不妥。土地承包经营权作为独立的物权，只要流转目的限于农业生产，就不应对受让人设置限定条件。新《农村土地承包法》第34条规定受让人应是“本集体经济组织的其他农户”，是否具有农业经营能力的要求被删除，而未再强调从事“农业生产经营的农户”，原因在于本集体内的其他农户获得土地后当然是从事农业生产经营，已无必要再重复规定。需要说明的是，由于新《农村土地承包法》只规定“土地经营权流转”，并删除了“土地承包经营权流转”的表达，不过，在其第38条第4项关于土地经营权流转的原则中仍然规定“受让方须有农业经营能力或者资质”，这与2009年《农村土地承包法》第33条第4项大体相同。

---

① 相反观点认为，2009年《农村土地承包法》第33条第4项关于受让人的规定应被认可，而原农业部《承包经营权流转办法》对以转让方式流转土地承包经营权之受让人的限制则应予否定。参见陈小君等，郭继执笔：《田野、实证与法理——中国农村土地制度体系构建》，北京大学出版社2012年版，第67页。

此外，通过转让、互换方式流转承包地，还需完成登记才能够产生对抗第三人的效力（原《物权法》第129条、《民法典》第335条），这表明民法典时代土地承包经营权的变动，仍遵循登记对抗主义，这与《民法典》物权编确立的不动产物权登记生效主义并不一致。实在法的此种立场可能表明，在农村土地物权变动上，根据熟人社会间的规则，确认当事人意思表示一致，即存在口头或书面转让（互换）合同就能直接导致不动产物权变动的结果。本书认为，在制定《物权法》的时候，上述立场具有合理性，农村社会间的相互熟悉程度，能够克服原本不具有公开性的债权关系所引起的物权变动，但是，新《农村土地承包法》确立承包地“三权分置”后，农村中作为非本村人的受让方取得土地经营权耕种农田的情形（比如实践中的种粮大户），大量涌现并呈增长趋势，对于长期生活在村里的村民而言，这些“外村人”无疑是陌生的，因此，有必要对土地承包经营权的互换或转让要件，采用不动产物权变动的一般性规则，即登记要件主义，以切实保护承包农户的土地承包经营权。

第二节　土地经营权流转应指承包地流转

实行承包地“三权分置”后，土地承包经营权的转让（互换）被单列。新《农村土地承包法》第34条规定“承包方可以将全部或者部分的土地承包经营权转让给本集体经济组织的其他农户”，可见，它明确放弃了《农村土地承包法修正案》第33条关于将“转让”关系的客体界定为“承包的土地”的立场：“经发包方同意，承包方可以将全部或者部分承包的土地转让给本集体经济组织的其他农户，由该农户同发包方确立新的承包关系，原承包方与发包方在该土地上的承包关系即行终止”。并且第34条还进一步规定：“承包的土地在本集体经济组织内部互换、转让后，当事人要求登记的，应当向县级以上地方人民政府申请登记。未经登记，不得对抗善意第三人。”不过，最为显著的变化来自新《农村土地承包法》第36条，其不仅将原来的土地承包经营权流转改称“土地经营权流转”，而且将流转方式限定于

“出租（转包）、入股或者其他方式”，显然未将转让和互换包括在内（“其他方式”的形态也不会包括转让或者互换）。

其实，《农村土地承包法》自2002年审议通过并于次年元旦实施以来，该法所采用的“流转”本身并非法律术语，而是一个政策性用语或社会实践用语，大体指向法律行为作用的客体，即农村承包地。民间社会或实践中常将承包土地的实际耕种人（占有人）的变化，称之为土地流转或承包地流转。正是在这种意义上，原承包方完全退出特定地块，并由同为本集体组织成员的他人取得耕种的权利，属于土地流转。而本集体之外的人（新型经营主体）通过签订“流转合同”，向承包方支付租金，在一定期限内取得对土地的（债权法上之）占有并从事农业生产，也称之为土地流转。相反，所谓“转让”的内涵，则是从法规范层面描述权利本身的变动问题，意味着涉及的法律关系将发生改变。我国民法正是在这种意义上使用“转让”这个术语。比如，《民法典》物权编第一分编第二章章名“物权的设立、变更、转让和消灭”中，物权转让是指物权关系发生了变动，受让人成为新的物权人（《民法典》第209条、第224条等条文）；债权让与或债权转让（《民法典》合同编第545条）则指合同债权发生移转，受让人成了被转让债权的“新主人”。总之，“流转”和“转让”之间的关系表现为：权利转让的结果使得承载了土地承包经营权的农村土地，从转让人手中交给受让人进行支配，从而在外观上呈现出从一个主体到另一个主体，即流转的结果。因此，农村社会实践（经济学界）中所谓“承包地流转”（农地流转或土地流转）的表达难谓准确。此外，在农村宅基地制度中，现行行政法规也直接使用“宅基地流转”术语。[①] 比如《土地管理法实施条例》第36条第2款明确规定“禁止违背农村村民意愿强制流转宅基地”，显然是源于“土地流转”这一表达的基本认识。我国学界以及《农村土地承包法》等规范性文件常将“承包地流转”等同于土地承包经营权流转，或将二者混用，存在商榷余地，至少二者在学理上仍有区分的必要性。

---

① 参见黄晓芳：《新〈土地管理法实施条例〉来了——禁止地方强制流转宅基地》，载《经济日报》，转引自中国政府网，http：//www.gov.cn/zhengce/2021－08/10/content_ 5630428.htm，2022年5月12日最后访问。

与此同时，原《物权法》也一直是在同一种意义上对待两种不同承包方式所产生的土地承包经营权，只是基于二者定位上的差异，[①] 其仅规定以其他方式承包取得的土地承包经营权可以转让、入股、抵押或以其他方式进行流转（原《物权法》第133条）。准此，2009年《农村土地承包法》和《物权法》将“双层经营体制”下两种承包类型所形成的权利，在法律属性上均定位为用益物权，“流转客体”也针对土地承包经营权本身。但是，在承包地“三权分置”下，基于土地经营权产生于农户的土地承包经营权的前提，作为一种独立权利的土地经营权，在逻辑上能够成为土地流转的客体。二者的内在关联在于，承包地由他人经营耕种时，便属于土地承包经营权流转，并可使得受让人取得土地经营权（但原承包方仍维持与发包方的承包关系，即物权关系未改变），而该权利本身——暂不考虑在性质上它究竟是物权还是债权——亦得成为处分行为的客体。因此，新《农村土地承包法》第9条、第36条、第44条等规定所谓“承包方向他人流转土地经营权”或“土地经营权流转”之表述，应当是就受让方享有的处分权能而言，即新型经营主体可将取得的土地经营权作为交易对象进行利用（《农村土地承包法》第44、46条），[②] 实现融资目的（第47条第1款后半段）。因此，从承包地实际利用者的角度观察，受让方成了土地占有者和控制者，而承包方在流转合同期内暂时退出土地利用关系，原则上不再对承包土地具有支配权能，在这种意义上土地承包经营权流转，实际应为承包地流转。相反，所谓“土地承包经营权流转”则侧重承包方享有的一般意义上的处分权能。另一方面，基于“三权分置”场合中土地经营权人对承包地的实际利用—占有关系，土地经营权流转的说法（比如，新《农村土地承包法》第17条）也可以成立，而新《农村土地承包法》断然不再将土地承包经营权的互换和转让作为流转方式，多少显得依据不足。

---

① 比如以其他方式承包取得的土地承包经营权通常涉及“四荒”土地，且不涉及如同家庭承包取得的土地承包经营权的社会保障因素。参见全国人大常委会法制工作委员会民法室主编：《中华人民共和国物权法：条文说明、立法理由及相关规定》（第二版），北京大学出版社2017年版，第286页。

② 不同观点，参见高圣平：《土地经营权制度与民法典物权编编纂——评〈民法典物权编〉（草案二次审议稿）》，《现代法学》2019年第5期，第50页。

需要注意的是，在推行承包地“三权分置”改革前，学界对于2009年《农村土地承包法》第41条土地承包经营权转让中的“承包方有稳定的非农职业或者有稳定的收入来源”要件，已多有批评。①新《农村土地承包法》第34条规定：“经发包方同意，承包方可以将……土地承包经营权转让给本集体经济组织的其他农户，由该农户同发包方确立新的承包关系”，可见，土地承包经营权转让要件已将对转让人的上述要求予以删除，但仍旧保留了“经发包方同意”的要求。对于该第34条的理解，有两个问题应当予以说明。

第一，所谓受让人“同发包方确立新的承包关系”，是指原承包方退出承包法律关系，在承包地上立即形成同为本集体经济组织内成员的受让人（《农村土地承包法》第27条第3款）与发包方之间的土地利用关系。此时，可以认为受让人基于土地承包经营权转让当然承受了原承包方的地位，且这种法律关系径直约束土地所有权人（农民集体）。因此，根据《农村土地承包法》第23条，承包合同生效时土地承包经营权设立，实践中即便受让人没有与发包方重新订立承包合同，但应当理解为受让人与发包方根据第34条的规定发生了合同主体变更，而原来的承包土地条件，比如承包期限、土地用途限制等方面维持不变，故人们绝对不能认为上述第34条能够在双方当事人之间直接订立承包合同。所谓“新的承包合同”实际上仅强调承包主体方面的变化。换言之，受让人在转让合同生效时，即取得对特定承包地的土地承包经营权。转让合同不仅在当事人之间产生债法效力，而且也产生不动产物权变动的效力。

第二，倘若转让人在未经发包方同意的情况下，将承包地“转让”给他人（受让人），能否产生土地承包经营权转让的法律效果？是否导致受让人与发包方“确立新的承包关系”，而原承包方与发包方的承包关系终止？本书认为，由于现行法对农地领域的物权变动均奉行登记对抗主义，故转让合同（协议）本身即能导致物权发生变动，换言之，即便转让人与受让人订立

① 参见高圣平：《土地承包经营权权能论纲——以处分权能为中心》，《社会科学》2012年第7期，第98页以下。

合同之时未取得发包方同意，亦应认为受让人即时取得土地承包经营权，原承包方退出土地承包关系。其原因一方面在于，受让人既然同为本集体经济组织成员（新《农村土地承包法》第34条），其取得土地承包经营权后，未出现农村土地由非集体成员承包的情形，另一方面在于，根据《民法典》物权编第215条确立的旨在发生不动产物权变动的合同效力和物权变动效果"区分原则"，转让合同效力亦应单独予以判断，在无违法情事场合，合同成立即生效。同时，根据农地物权变动的登记对抗主义，此转让合同也导致受让人取得土地承包经营权。因此，发包方的同意与否，不能当然作为否定土地承包经营权转让合同效力的判断依据。正在这种意义上，最高人民法院《农村土地承包司法解释》第13条但书对"发包方同意"进行严格限缩，防止发包方滥用同意规则，阻碍土地承包经营权人行使物权。

涉及出租方式时，新《农村土地承包法》重新定义了术语"流转"的含义。该法第36条将出租作为承包方"流转土地经营权"的方式，与转包、入股方式并列；体系上位于第五节"土地经营权"之下。由此，新《农村土地承包法》中的流转方式，全然异于2009年《农村土地承包法》第39条和原《承包经营权流转办法》第35条第5款。承包方土地经营权的流转方式被特别限定，似乎难以将"转让"包括在内，立法者也习惯性地使用"土地经营权流转"的表达，[①] 然而，若土地经营权属独立的财产权利，对其处分方式应当具有开放性。尽管新《农村土地承包法》第44条关于"承包方流转土地经营权的，其与发包方的承包关系不变"的规定，在某种程度上似乎维持了2009年《农村土地承包法》第39条的框架。总之，《农村土地承包法》第36条径直以土地经营权作为流转的对象，虽符合权利处分的原理，但就其本质而言，受让方通过"流转合同"取得的土地经营权不过是针对土地承包经营权的权利负担（依据第37条，土地经营权人取得承包地的占有以及相关收益）。后者事实上仍维持其作为用益物权所拥有的一定程度的圆满性，并在土地经营权消灭后，恢复其自身的支配性。因此，在这种意义上，承包

① 参见胡可明：《全国人大宪法和法律委员会关于〈中华人民共和国农村土地承包法修正案（草案）〉审议结果的报告——2018年12月29日在第十三届全国人民代表大会常务委员会第七次会议上》。

方所流转者，正是土地本身，但从法律角度观察，处分行为的客体是农户的土地承包经营权，而流转的法律结果则是受让方取得土地经营权。相应地，在受让方将承包地再流转场合（《农村土地承包法》第46条、第47条第1款后半段），法律行为所针对者，应为土地经营权本身，因为受让方对于承包地仅有此种权利可为处分。

对于实践中较为常见的“转包”,[①] 根据2009年《农村土地承包法》第44条的规定，发包方和承包方之间的“承包关系不变”，学界通说认为其性质与出租方式相同。[②] 在中国裁判文书网上，以承包地流转较为活跃的安徽在2016—2019年期间涉及土地承包经营权转包的民事判决书为关键词进行检索可以发现，在效力上，实施转包时土地承包经营权并未发生变动，转包人仍是物权人，而接包人仅获得合同上的权利。[③] 相反，在无法分辨属于转让还是转包之时，可根据发包方嗣后与当事人的承包协议，确认土地使用权之归属,[④] 或者以领取国家财政补贴,[⑤] 或以农业补贴、粮食补贴事实发放,[⑥] 作为判断是否存在转包的补充标准。可见，转包与转让二者方式之间存在本质区别——前者仅仅产生债之关系。因此，上文关于承包地流转中对“出租”模式的解释，应同样适用于转包的情形。

综上可知，以农村土地家庭承包为基础的农村基本经营体制有力支撑了我国农业发展，但传统经营模式也面临挑战，农户在承包地上的土地承包经营权亟需更新。土地经营权由于摆脱了家庭承包经营下土地承包经营权的身份性和社会保障因素，能够有效应对适度规模经营，提高农地高效利用。在承包地二元利用模式下，转让、互换属于承包地的物权性利用方式，发生土

① 有社会调查数据表明，中部地区的湖南省株洲市、黑龙江省转包比例分别为54.6%和88.6%。参见蒋省三、刘守英等：《中国土地政策改革：政策演进与地方实施》，上海三联书店2010年版，第31－33页。

② 土地转包实质上应属于土地租赁关系，参见陈小君：《我国农村土地法律制度变革的思路与框架——十八届三中全会〈决定〉相关内容解读》，《法学研究》2014年第4期，第19页。

③ 参见安徽省宣城市中级人民法院（2018）皖18民终991号民事判决书。

④ 参见安徽省滁州市中级人民法院（2018）皖11民终2205号民事判决书。

⑤ 参见安徽省安庆市中级人民法院（2016）皖08民终205号民事判决书。

⑥ 参见“朱广同与彭德柱土地承包经营权纠纷案”，安徽省合肥市中级人民法院（2017）皖01民终1124号民事判决书。

地承包经营权的让与；以出租（转包）、代耕（借用）和入股等方式流转土地经营权，受让方与承包方之间成立债之关系。农户将承包地为他营时，自己保留了土地承包经营权，不过其权利上存在负担，而受让方取得的土地经营权应属债权。新《农村土地承包法》完全更改了2009年《农村土地承包法》旧法上“流转”的含义，并将其严格限定于土地经营权当中，但对流转客体的解释，仍应以权利本身处分（变动）为标准。广义而言，新《农村土地承包法》中土地承包经营权的转让或互换亦可归入该权利本身“流转”的范畴，与“土地经营权流转”一样，客观上二者均产生承包地由他人占有的结果。差别在于前者导致承包农户退出对土地的承包关系，终局地丧失承包地占有，而在后者情形中承包农户仍维持原有物权关系，在土地经营权期限届至时承包农户自动恢复对农地的占有。《农村土地承包法》修法者对承包地“流转”方式认识的重大转变，本质上源于对土地经营权性质的认识偏差，从而导致了农地权利群的逻辑冲突。

实行农村承包地“三权分置”，是对始自20世纪80年代家庭联产承包责任制“集体所有权—农户使用权”分离模式的延续。职是之故，我国承包地利用有其“守”的一面，即宪法所确立的我国农村基本经营制度在农村土地承包中得到坚持。不过，在贯彻农地“三权分置”方面，新《农村土地承包法》有关规定混淆了承包地上的不同权利类型，可能误导司法适用，未免令人遗憾。《民法典》物权编重构农地使用关系时，仍应当兼顾我国物债二分的法律继受现实，区分土地利用的物权模式和债权模式。另一方面，在农村土地流转中，切实保护新型经营主体的土地经营权，是承包地“三权分置”改革的目标，其终极价值在于实现对承包地的高效利用。由于农户家庭通过分配“承包农地的权利”本身具有的公法色彩以及绝对封闭性，导致“集体土地所有权—土地承包权—土地经营权”的方案，不具有私法上的规范意义。相反，“集体土地所有权—土地承包经营权—土地经营权”的农地利用模式具有合理性。

第三章 “保持土地承包关系稳定并长久不变”与土地经营权

第一节 问题的提出

在《农村土地承包法》新增农村承包地“三权分置”规则（第9条、第36条等），并于2019年元旦实施之后，同年11月26日，中共中央、国务院发布《关于保持土地承包关系稳定并长久不变的意见》（以下简称《土地承包关系稳定意见》），以进一步完善农村土地承包经营制度，助推乡村振兴战略。长期以来，针对我国农村土地利用模式（土地承包制度）已经形成了既有民事法律（除《农村土地承包法》之外，也包括《民法典》）和国家土地政策同时进行调整的二元格局。需要进一步思考的是，在民事法律已就承包地利用方式（比如2018年《农村土地承包法》确立的农地“三权分置”）作出明确规定之后，国家政策再就农村土地承包（经营）作出部署，其和现行法既有规范之间的关系如何？特别地，如果新的土地政策要求与后者（的表述）并不一致，人们应如何解释此间差异？

毫无疑问，后一问题不仅可能影响审判实务，而且对于农村土地承包实践，特别是“负责本行政区域内土地经营权流转及流转合同管理”的地方政府农业农村主管部门（2021年《农村土地经营权流转管理办法》第5条第2款）而言，正确理解承包地“三权分置”背景下农村土地承包经营制度及私法关系，也具有重要指导意义。根据《土地承包关系稳定意见》，即使在实行承包地“三权分置”下，仍以坚持家庭承包经营的基础性地位作为前提，“不论（土地）经营权如何流转，不论新型农业经营主体如何发展，都不能动摇农民家庭土地承包地位、侵害农民承包权益”。

如果说在推行承包地“三权分置”之前，依照原农业部《土地承包经营权流转办法》（现已失效），农村土地承包经营权流转实践主要是侧重于保护承包方的权益，比如其第13条曾规定，农村土地承包经营权流转过程中，受让方将流转获得的土地再流转，应当取得原承包方的同意。那么，在新《农村土地承包法》修正后，则不仅要保护受让方合法权益，实现“放活土地经营权”政策目标，而且也应当尊重承包方的法律地位。比如，根据农业农村部2021年1月26日颁布的《农村土地经营权流转管理办法》（农业农村部令2021年第1号，自2021年3月1日起实施，以下简称《土地经营权流转管理办法》）第34条第2款，即便实行农村土地经营权流转，承包方与发包方的承包关系仍然保持不变。新《农村土地承包法》第9条则规定，取得土地承包经营权的承包方“也可以保留土地承包权，流转其承包地的土地经营权”。

换言之，实行农村承包地“三权分置”后，不但不能只注重保护土地经营权人，即新型农业经营主体的合法权益，而且也不能忽略家庭承包经营在农村土地承包中具有的基础性地位，即同样应保护农户以家庭承包方式获得的土地承包经营权。因为土地经营权正是来自家庭承包中农户的土地承包经营权。在这种意义上，“保持土地承包关系稳定并长久不变”，在重申家庭承包经营的基础性地位的同时，也将直接影响新《农村土地承包法》确立的承包地“三权分置”之土地经营权的功能。在2019年《土地承包关系稳定意见》语境中，如何评价后者，应当成为人们全面理解我国农村基本经营制度的必要前提。总之，新时期完善我国农地承包经营制度和完善农村生产关系，适应农村生产力发展的新要求——通俗地说——既不能“顾此失彼”，更不能“本末倒置”。

从产生渊源上看，2019年《土地承包关系稳定意见》传达的核心立场，特别是文件名称所采用的表达，实际上是在重申党的十八届三中全会《中共中央关于全面深化改革若干重大问题的决定》提出的“稳定农村土地承包关系并保持长久不变”。[①] 只不过与后者相比，前者在具体表述上进行了微调，最终确定为“保持农村土地承包关系稳定并长久不变”，并顺利进入2018年修正后的《农村土地承包法》第1条，成为立法目的之一，从而删除并取代了原来第1条关于“赋予农民长期而有保障的土地使用权”的规定。立法目的之显著变化，对于法律调整范围具有重要意义，这实际上表明《农村土地承包法》所保护的不仅仅是农民享有的“土地使用权”（即土地承包经营权），而且新型农业经营主体等其他民事主体（特别是土地经营权人）在承包地上享有的权利同样需要保护。

进入“十四五”时期后，《土地承包关系稳定意见》上述立场得以延续。2021年2月21日，中共中央、国务院发布的中央一号文件《关于全面推进乡村振兴加快农业农村现代化的意见》提出：“坚持农村土地农民集体所有制不动摇，坚持家庭承包经营基础性地位不动摇……，保持农村土地承包关系稳定并长久不变，健全土地经营权流转服务体系。”

那么，在新《农村土地承包法》《民法典》都已经肯定农村土地“三权分置”、允许承包农户向新型农业经营主体“流转土地经营权”的前提下，如何理解“保持农村土地承包关系稳定并长久不变”的具体含义呢？在《土地承包关系稳定意见》之“三、准确把握‘长久不变’政策内涵”部分，明确提及三个方面内容。本章拟通过对上述各个方面逐一分析，解读文件精神和核心要点，并结合《农村土地承包法》承包地“三权分置”有关解释论立场，揭示此种背景下“保持承包关系稳定并长久不变”政策要求与土地经营权之间的内在关联，厘清新时代农村土地承包关系中各种权利之应有边界，把握民法典时代我国农村土地承包政策的未来发展方向。

① 刘守英：《直面中国土地问题》，中国发展出版社2014年版，第170页。

第二节　土地集体所有、家庭承包经营作为土地承包的“基本制度”

一、“长久不变”政策和我国农村土地承包模式

根据2019年《土地承包关系稳定意见》，“保持土地承包关系稳定并长久不变”，首先是指“保持土地集体所有、家庭承包经营的基本制度长久不变”。这是对我国现行《农村土地承包法》已确立之农村土地承包模式（第3条、第4条）的重申。并且，根据《民法典》第330条第1款，我国农村土地实行家庭承包经营为基础、统分结合的双层经营体制，事实上这也是《宪法》第8条第1款确立的农村基本经营制度。《土地承包关系稳定意见》将“农村土地集体所有、家庭承包经营”作为“基本制度”，应当是就农地经营模式而言，即我国农地利用原则上实行家庭承包经营（所谓统分结合的双层经营体制中的“分”），并且以保持集体土地所有权为前述制度的基础——农村村民从事家庭承包经营，必须从农民集体手中取得用于耕种的承包地。换言之，实行农村土地的家庭承包经营制度，必须坚持土地所有权属于农民集体所有。因为根据2018年3月11日修正的《宪法》第6条第2款，社会主义初级阶段的基本经济制度是“公有制为主体、多种所有制经济共同发展”，并且在2020年制定《民法典》时，物权编第206条在原《物权法》第3条的基础上增加“按劳分配为主体、多种分配方式并存，社会主义市场经济等”之规定，使得我国社会主义初级阶段基本经济制度的范畴主要表现为三个方面：所有制制度、财产分配制度和社会主义市场经济制度（《民法典》第206条第1款）。

在这种意义上，人们可以将上述《土地承包关系稳定意见》关于“基本制度”的表达，解释为农村土地“基本经营制度”，即指适用于我国农地（耕地）利用领域的一般性或基础性私法制度。它不仅包括土地所有权制度（土地的农民集体所有），也包括农村土地具体利用模式（家庭承包经营），

二者互为前提，有机结合。

就土地政策上的实际操作而言，所谓“保持家庭承包经营长久不变”，首先是指第二轮农村土地承包到期后再自动延长三十年的既有方案。同时，各省级地方根据农业农村部颁布的《土地经营权流转管理办法》而制定的“实施细则”，也常常对《土地承包关系稳定意见》的此种表述加以原样重申。比如，《土地承包关系稳定意见》出台后，安徽省农业农村厅于2021年11月26日发布的《安徽省农村土地经营权流转管理办法实施细则》第2条规定：“土地经营权流转应当坚持农村土地农民集体所有、农户家庭承包经营的基本制度，保持农村土地承包关系稳定并长久不变，……。”[①] 同年11月3日陕西省公布的《陕西省实施〈农村土地经营权流转管理办法〉细则》第2条规定：“土地经营权流转应当坚持农村土地农民集体所有、农户家庭承包经营的基本制度，保持农村土地承包关系稳定并长久不变，遵循依法、自愿、有偿原则，……”（上述两个地方性规定与《土地经营权流转管理办法》第2条对应的内容完全一致）。不过，《民法典》第206条的此种变动虽属新增，但就私法范畴而言，其宣示意味多于规范意义，且与我国现行《宪法》第6条第2款有关规定（“国家在社会主义初级阶段，坚持公有制为主体、多种所有制经济共同发展的基本经济制度，坚持按劳分配为主体、多种分配方式并存的分配制度”）不尽相同。鉴于个人财产权保障也具有宪法意义，[②] 因此，如何在规范意义上评价《民法典》物权编第一分编“通则”出现的此种变化及其价值，需要结合宪法学有关原理进行思考，但这已非本书研究范围。

另一方面，在《农村土地承包法》规定了承包地“三权分置”的背景下，继续坚持农村土地的家庭承包经营之基础地位，被立法者赋予了新的规范意义。虽然家庭承包经营的基础地位在新《农村土地承包法》中没有改变

---

① 参见《安徽省农业农村厅关于印发安徽省农村土地经营权流转管理办法实施细则的通知》，载安徽农业农村厅网，http：//nync. ah. gov. cn/public/7021/56019801. html，2022年5月10日最后访问。

② 参见林来梵：《从宪法规范到规范宪法——规范宪法学的一种前言》，法律出版社2001年版，第190页以下。依照林来梵教授观点，确立财产权的宪法保障，也是我国适应社会主义市场经济的内在要求。

（第 1 条），但农民家庭从农民集体手中分配到土地后，如何具体利用该幅土地的方式，已完全不同于过往。众所周知，我国农村土地承包制度的基本前提，是以家庭为单位（农户）对集体所有的土地进行承包经营，从而首先在法律构造上表现出“农民集体所有权＋承包方土地承包经营权”的“两权分离”模式。这也是 2018 年《农村土地承包法》修正之前，我国早已确立的农地家庭承包之一般法律形态。比如，2009 年《农村土地承包法》第 3 条第 2 款曾规定“农村土地承包采取农村集体经济组织内部的家庭承包方式”，并且，“国家保护承包方的土地承包经营权”（第 9 条），即农民通过土地承包所取得的权利就是“土地承包经营权”。换言之，根据 2009 年《农村土地承包法》确立的农地二元承包模式，在家庭承包场合，承包方取得的土地承包经营权是在农民集体的土地所有权之上产生出来的一种限制物权。相应地，对于其他方式承包场合的土地承包经营权之设立，也同样采用“土地所有权—土地承包经营权”的构造模式（2009 年《农村土地承包法》第 44 条）。

然而，新《农村土地承包法》确立承包地“三权分置”后，针对家庭承包场合，根据该法第 9 条“承包方承包土地后，享有土地承包经营权，可以自己经营，也可以……流转其承包地的土地经营权，由他人经营”之规定可知，在承包地由他人经营时，新型经营主体直接取得承包地之占有，可以利用承包地并获得收益（第 37 条），但是，原承包方并未退出承包关系，其仍维持土地承包经营权人身份，特别是土地经营权期限届至时，原承包方能够自动恢复对承包地的实际占有（所谓“直接占有”）。由此，农地之上的权利结构便形成了一种新的模式“集体土地所有权—土地承包经营权—土地经营权”，这就是现行法已确立的承包地“三权分置”模式（《民法典》第 339 条）。

不过，自农村承包地“三权分置”改革启动以来，政策上的表述并不完全一致。2016 年中央一号文件提出，“落实集体所有权，稳定农户承包权，放活土地经营权”。以此种农村承包地“三权分置”的改革思路为前提，党的十九大报告提出，巩固和完善农村基本经营制度，保持土地承包关系稳定并长久不变，第二轮土地承包到期后再延长三十年。事实上，在这之前我国农村土地的“三权分置”改革实践已经揭开时代大幕。

2014 年 11 月 20 日，中共中央办公厅、国务院办公厅印发的《关于引导农村土地经营权有序流转发展农业适度规模经营的意见》（以下简称《意见》）提出：“农户承包土地的经营权流转明显加快，发展适度规模经营已成为必然趋势。实践证明，土地流转和适度规模经营是发展现代农业的必由之路，……抓紧研究探索集体所有权、农户承包权、土地经营权在土地流转中的相互权利关系和具体实现形式。”农村承包地“三权分置”的制度雏形已初步形成，鼓励承包农户依法采取转包、出租、互换、转让及入股等方式流转承包地，实行土地经营权流转，由新型农业经营主体实际取得土地、进行耕种，并探索土地经营权抵押试点。这与当时《农村土地承包法》以及《物权法》确立的土地承包经营制度存在极大的差异。以上述《意见》为基础，2015 年 8 月 24 日，《国务院关于开展农村承包土地的经营权和农民住房财产权抵押贷款试点的指导意见》明确提出，“按照所有权、承包权、经营权三权分置和经营权流转有关要求”，[①] 引导土地经营权有序流转，并要求在开展农村承包土地（耕地）的经营权抵押时，“流转土地的经营权抵押需经承包农户同意，抵押仅限于流转期内的收益”。根据全国人民代表大会常务委员会 2015 年 12 月 27 日公布的《关于授权国务院在北京市大兴区等 232 个试点县（市、区）、天津市蓟县等 59 个试点县（市、区）行政区域分别暂时调整实施有关法律规定的决定》，允许北京大兴区、天津蓟县等试点行政地区农村土地（耕地）的集体土地使用权用于抵押，暂时停止适用《物权法》《担保法》等有关规定。调整时间截至 2017 年 12 月 31 日。

正是在原定承包地“三权分置”试点改革期限行将结束之时，2017 年 10 月 31 日，《农村土地承包法修正案（草案）》首次提请立法机关审议。从而，将人们对土地承包经营及“三权分置”的讨论推向高潮。在 2018 年底《农村土地承包法》修正前，学界即有观点反对从土地所有权上可以生发出同为物权的土地承包经营权和经营主体的土地经营权的改革方案。[②] 同时，

① 《国务院关于开展农村承包土地的经营权和农民住房财产权抵押贷款试点的指导意见》“一、总体要求‘之’（一）指导思想”，载中国政府网，http：//www. gov. cn/zhengce/content/2015 – 08/24/content_ 10121. htm，2022 年 5 月 1 日最后访问。

② 参见单平基：《“三权分置”理论反思与土地承包经营权困境的解决路径》，《法学》2016 年第 9 期，第 54 页以下。

学界对于承包地"三权分置"改革之具体权利结构的认识，也存在较大分歧。一种典型观点认为，农村土地"三权分置"的法律结构应为"所有权—承包权—经营权"。① 这种观点在修法过程中获得一些立法官员支持，某种程度上在新《农村土地承包法》中也得到了体现。比如，该法"总则"章第9条新增承包方可以"保留土地承包权"的规定。事实上，由于相关政策文件以及《农村土地承包法》第9条的"土地承包权"并未确定该权利的内容，上述观点能否融入我国现行土地产权体系，不无商榷余地。根据第9条，家庭承包的农户流转其承包地的土地经营权，即属于农村土地的他营模式，与之相对应，在承包地由农民自营场合，仍呈现为传统的"土地所有权—土地承包经营权"的权利结构。

可见，新《农村土地承包法》承继了2009年《农村土地承包法》第3条之规定，继续肯定农村土地利用的二元承包模式，从而形成了"两权分离"和"三权分置"并立局面，并且，原有的"两权分离"模式并未随着新增加的"三权分置"而自动消失。新《农村土地承包法》第9条恰恰包括了家庭承包经营下对承包地的两种不同利用方式。因此，对《土地承包关系稳定意见》和《农村土地承包法》第1条提到的"家庭承包经营制度长久不变"涵义的理解，也应当在上述意义之基础上展开。不仅承包地上的"两权分离"继续得到肯定，而且"三权分置"模式和土地经营权的独立性以及效力，也应当继续坚持并不断完善。在这种意义上，我国民法自然应当同时反映这两种农地产权结构。②

二、保持农村基本经营制度长久不变的私法内涵

接下来的问题是，如何保持农村土地集体所有、家庭承包经营的基本制度长久不变？本书认为，根据2019年《土地承包关系稳定意见》的要求，

① 参见宋志红：《中国农村土地制度改革研究：思路、观点与制度建设》，中国人民大学出版社2017年版，第157页。

② 参见高圣平：《"三权"还是"四权"：两权分离和三权分置并存之下的农地产权结构》，载高圣平、王天雁等：《〈中华人民共和国农村土地承包法〉条文理解与适用》，人民法院出版社2019年版，第2页。

在具体内容上应当从既有“两权分离”中所有权和土地承包经营权保护与“三权分置”中新的权利形态保护两个方面予以规范，以下分述之。

（一）家庭承包中两类物权人的物权行使及保护

保持农村基本经营制度长久不变，在私法上首先需要解决家庭承包关系中两类物权人之物权行使及保护的问题，即《土地承包关系稳定意见》所谓“确保农民集体有效行使集体土地所有权、集体成员平等享有土地承包权”。实行家庭承包是以农民集体所有的土地为载体，农民集体享有土地所有权和本集体成员基于社员或成员身份有权要求分配承包地用于耕种之间二者有机结合，相辅相成。一方面，农民集体作为民法上的集体土地所有权人，应当能够行使土地所有权权能（《民法典》第261条），这本是所有权的内在法律含义。但是，由于“农民集体”本属虚构权利主体，为克服所有权人意志形成上的困难，有效保护集体土地所有权人利益，必须确立土地所有权行使机制，避免出现所谓“公地悲剧”。对此，我国物权法采用了“代表人”机制，即由多元代表主体行使农民集体所有权（《民法典》物权编第262条）。另一方面，长期以来我国集体土地所有权主体虚置、权能不清晰的弊端，也影响到集体土地所有权应当服务于本集体全部成员之功能的发挥。

如上所述，稳定土地承包关系的首要含义，在于确立以家庭承包方式实现对集体所有土地的利用模式。《土地承包关系稳定意见》所谓“确保集体成员平等享有土地承包权”，一方面旨在贯彻“耕者有其田”的既有政策，重申在农村土地“三权分置”时代，我国农地的耕种模式（承包地分配方式）仍然是集体成员“人人有份的承包”。很显然，这种观点是对二十年前制定《农村土地承包法》之立法理念的当代回应。在这种意义上，农地领域中的家庭承包经营概念仍具有社会保障的意义和功能，相反，它无法等同于作为民法基本原则的“民事主体法律地位一律平等”原则（《民法典》第4条）。民法平等原则侧重于民事主体享有权利和承担义务，以及法律资格上的平等地位。另一方面，在实行以农户家庭为基本单位进行土地承包的现行制度下（《农村土地承包法》第1条、第3条），所谓各成员之间“平等享有土地承包权”，实质上是通过每一农户家庭享有的承包权益来体现。即农户与农户之间对于集体所有土地享有平等承包权利，它更侧重于强调农户向集体申请分配承包土地的资格平等或地位上的无差异性，而不是指每一单独成员个体享有实质上完全“等同”的承包土地权利。根据《土地承包关系稳定意见》关于第二轮土地承包到期后再延长三十年的要求，那些实行家庭承包的农村集体经济组织，若已被第二轮土地承包覆盖，则即便在2023年左右承包到期后我国将大规模进入第三轮承包，现有承包地仍由原来农户继续承包三十年，农户也不会发生丧失承包土地资格的问题。从时间上看，在第二轮土地承包中已经（预先地）解决了本集体成员平等承包集体土地的问题。换言之，在第二轮承包已确立的原有承包关系基础上，如无特别原因或出现特殊情形，即便农户和农户之间在承包地地块数量、面积、质量、位置等方面实际存在某种程度上的差异，亦不能认为违背“平等享有土地承包权”。事实上，承认背后的这种差异也是现行“增人不增地，减人不减地”政策的必然要求。

然而，需要注意的是，《土地承包关系稳定意见》所谓“确保集体成员平等享有土地承包权”的提法，恐难以与现行法律规则相协调。根据新《农村土地承包法》第23条，土地承包关系确立后（通常是指承包合同订立并生效），集体成员或承包方享有的是土地承包经营权，承包关系是一种对承包地进行占有、耕种、收益等支配的物权关系。在实行家庭承包经营中，集体经济组织成员是平等地承包集体土地，同法第9条前半段规定“承包方承包土地后，享有土地承包经营权”。并且，从出台时间上看，在后于《农村土地承包法》颁布的《民法典》关于承包地“三权分置”的规定中，根本未提及土地承包权。对此，最直接的解释是，在《民法典》编纂者看来，集体成员享有平等的土地承包经营权，符合家庭承包经营为基础、统分结合的双层经营体制（《民法典》第330条第1款）。

与此同时，如上所述，在实行承包地“三权分置”后，农户的“土地承包权”难以获得独立私法意义。在承包方不愿自行耕种土地而流转土地经营权，将土地交给新型经营主体耕种、占有之时，其物权人身份并未改变，仍为物权人。并且，《农村土地承包司法解释》第1条第2款规定：集体成员“因未实际取得土地承包经营权提起民事诉讼的，人民法院应当告知其向有关行政主管部门申请解决”，从而将未分配承包土地的纠纷排除在民事管辖范围之外。在司法机关看来，集体经济组织成员未从集体处获得承包地，不涉及民事纠纷（所以，农村村民不能向人民法院起诉），因而应向地方政府及有关部门请求分配承包地。其背后的考量因素可能在于，该问题与社会分配制度有关却并非民事法律关系。然而，这种处理与我国农村土地承包制度不符，司法机关贸然将其排除在民事纠纷案件受理范围之外，难谓妥当。

根据新《农村土地承包法》第5条第1款，本集体成员有权依法承包由本集体经济组织发包的农村土地，从私法关系来看，本集体成员未取得土地承包经营权时，应当首先向土地所有权人即农民集体，实践中是向作为发包方的“本集体经济组织”提出分配承包地用于耕种的请求，这无疑属于物权纠纷。而《农村土地承包司法解释》第1条要求权利人向政府部门寻求帮助，显然曲解了此间法律关系。特别是在《农村土地承包法》第5条第2款作出禁止性规定的情况下，司法救济应当是未取得承包地的农民最有力的保障（而不是只能诉诸行政手段），上述司法解释立场背后的原因，着实令人费解。因此，《土地承包关系稳定意见》提出的“确保集体成员平等享有土地承包权”，应指农民集体（作为土地所有权人）需要确保本集体成员平等享有承包土地进行农业生产的权利，即土地承包经营权。

2016年12月29日，中共中央、国务院发布的《关于稳步推进农村集体产权制度改革的意见》提出，将农村集体经营性资产以股份或者份额形式量化到本集体成员，作为其参加集体收益分配的基本依据。农村集体产权改革也同时开启，而承包地“三权分置”中涉及的集体土地所有权等构成典型的集体产权内容。尽管在上述文件中农村“集体经营性资产”和“集体资源性资产”之间的识别和区分，对于推进经营性资产股份合作制改革显得十分必要，但二者边界并不清楚。由此，上述集体财产之区分的必要性便存在商榷余地。特别地，在农民集体将某些资源性资产，比如集体所有、由农户承包的耕地，作为经营性资产投入市场运作时，似乎也就转变成了经营性资产。农户家庭的社员（成员）身份成为表明其享有土地承包经营权的唯一外在标签。实际上，我国农村集体产权制度改革与承包地利用模式联系紧密。从地方实践来看，安徽凤阳小岗村在农村集体产权制度改革中，以清产核资和界定成员身份为基础，成立了集体资产股份合作社，并将其入股到2012年成立的村企合一企业小岗村创新发展有限公司，以壮大村级集体经济，使得作为集体经济组织成员的农民变“股民”，实现从“人人种田”到“人人持股”“人人分红”的巨大转变。但是根据公开报道，2017年小岗村每名村民获得的分红仅为350元人民币，[①] 分红金额显然并不可观。小岗村创新发展有限公司又通过与村民们签订流转合同，将土地集中起来统一管理，发展现代农业产业。如此一来，农户实际上也不能够再行支配本属自己名下的承包地。不过，就民事法律关系而言，根据新《农村土地承包法》第36条，这种土地利用模式是承包方以“入股方式向他人流转土地经营权”，属于承包地“三权分置”中与“出租”并列的一种表现形式，并需要向发包方备案。

由先前的家庭联产承包责任制，到如今的“以田入社”“农民变股民”，农村土地在一定程度上又重新集中到一起，以实现规模化、集约化，小岗村农村土地利用模式跨越了不同性质的法律关系模式。在集体经营性资产和资源性资产之外在形式区分的背后，恰好体现出农村土地上各种民事权利的层次性及能够共存的法律关系。当然，小岗村的这种农村集体产权制度改革实践，也能够归入土地集体所有、家庭承包的实现形式。毕竟，农户以其承包地入股企业组织（比如上文提到的小岗村创新发展有限公司）的前提，是前者已经从农民集体处取得了土地承包经营权。

（二）家庭承包经营的丰富形式

保持农村基本经营制度长久不变，还需要在实践中“积极探索和不断丰富集体所有、家庭承包经营的具体实现形式”。根据《土地承包关系稳定意见》的上述表述，这里需要解决两个问题，探索土地集体所有的实现形式和家庭承包经营的实现形式。

由于承包地“三权分置”下，家庭承包经营的含义显然已不同于“两权分离”时期，新《农村土地承包法》通过允许承包农户流转自己的承包地，

---

① 《一个红手印，一个政策，一个开始——从安徽小岗村看农村土地政策变革留下的足迹》，载新华网，http：//www. xinhuanet. com/politics/2018 – 10/07/c_ 1123525134. htm，2022年5月4日最后访问；李红娟：《农村土地承包经营权流转制度改革与实践研究》，中国社会科学出版社2021年版，第110页。

使得非集体成员的第三人，即所谓新型经营主体可以利用承包地从事农业生产经营。与此同时，实践中那些缺乏青壮年劳动力从事农业生产、却拥有承包地的农户家庭，正好能够向农村新经济业态中出现的“外来户”“流转土地经营权”，将土地“暂时”交给他们经营，有效回应适当开放农村土地的市场需求。

在这种意义上，农户（通过分配）以家庭承包经营取得承包地，但将其流转给新型经营主体的情形，也属于家庭承包经营的具体形式。原因在于不仅集体土地所有权关系保持不变，而且承包方与发包方之间的承包关系不变，原农户家庭仍维持与发包方的物权关系。不过，就承包地利用外观来看，新的权利人已经控制了承包地，原承包方悄然退居幕后，隐而不现，并且在对承包地的法律关系上，承包方已经不再能够对其进行支配，新型经营主体即土地经营权人成为承包地新的“主人”。《民法典》第340条就此规定：“土地经营权人有权在合同约定的期限内占有农村土地，自主开展农业生产经营并取得收益。”就该条与《民法典》第331条关于土地承包经营权人对承包地占有、使用、收益的权利相比较而言，二者文义甚为接近，可区别者，唯有各自身份而已。如果说确保本集体成员平等享有土地承包经营权是家庭承包经营的基本制度的前提和基础，那么，不断丰富家庭承包经营的具体实现形式则是我国农地基本经营制度的落脚点。现行《农村土地承包法》《民法典》确立的“两权分离”和“三权分置”的土地双重利用模式，导致的一个必然结果就是，家庭承包经营的具体形态变得多元化起来。这也与2009年《农村土地承包法》下家庭承包经营的概念存在差异。

因此，一方面，农村村民（承包农户）或承包方取得土地承包经营权后，亲自从事农业生产经营的模式，自然是家庭承包经营的实现形式。另一方面，实行承包地“三权分置”后，承包方将承包地交给土地经营权人耕种，由后者建立起与承包地的直接联系，并且根据新《农村土地承包法》第44条，承包方流转土地经营权后，其“与发包方的承包关系不变”，承包方自创设取得土地承包经营权之后——在整个承包期内——就永远不会改变其物权人身份，此即第44条所谓“承包关系不变”的真正法律内涵。相应地，土地经营权人以土地承包经营权为基础，获得了利用承包地从事农业生产并取得收益的可能（新《农村土地承包法》第37条）。鉴于现行法中土地经营权的出现，原本就旨在解决农村承包地碎片化经营、规模化专业化程度不高的弊端，土地经营权人不仅不得改变承包地的农业用途（《农村土地承包法》第42条第1项），反而应当维持土地之农用地性质，并且在土地经营权流转合同期限届满后，土地经营权归于消灭，同时原承包方即自动恢复对承包地的支配权能，其土地承包经营权重新成为完整的用益物权。可见，实行承包地“三权分置”，原承包方将土地交给他人经营，也应当属于家庭承包经营的具体实现形式。

此外，由于土地承包经营权的互换和转让（《农村土地承包法》第33条、第34条），均使得“原承包方与发包方在承包地上的承包关系即行终止”，但能够实现各自方便耕种或并地连片耕种，尤其在后者情况下，对于提高农地利用效率，推进农业适度规模化，具有积极意义。因此，土地承包经营权的互换和转让，也是家庭承包经营的具体实现形式。不过，由于土地承包经营权转让令转让人退出特定地块的承包关系，从而丧失承包方身份，为谨慎起见，《农村土地承包法》仍然坚持要求，转让方向本集体其他农户转让部分或全部土地承包经营权时，需要取得“发包方同意”。这与2009年《农村土地承包法》第37条第1款关于“采取转让方式流转土地承包经营权”的要求一致。学界对于上述第37条第1款“发包方同意”的规定，多有批评，因为这无疑为发包方干预农户转让土地承包经营权留下“正当借口”，故应当废除。[①] 在推行承包地“三权分置”前，有农村土地承包实证调查即揭示广西有地方农民一般不愿意转让土地承包经营权，[②] 再结合上述土地承包经营权“转让”的限制条件来看，集体成员选择退出土地承包关系的比例将更低。

总之，我国农村土地基本经营制度包括两个不可分割的部分：坚持土地集体所有，并且在集体土地上实行以家庭承包经营为基础的土地利用模式。从集体土地所有权和农户的土地承包经营权之间的法律上逻辑来说，我国集

---

① 陈小君等：《田野、实证与法理——中国农村土地制度体系构建》，北京大学出版社2012年版，第67页。同旨参见陈小君：《农村土地制度的物权法规范解析》，《法商研究》2009年第1期。

② 参见孟勤国等：《中国农村土地流转问题研究》，法律出版社2009年版，第75页以下。

体土地所有权受到了来自《农村土地承包法》关于家庭承包经营的“法定”限制。所有用于农业生产的集体土地之法律利用，只能根据集体成员请求进行分配，这种分配包括两种模式，即家庭承包经营（“分”）和集体统一经营（“统”）。其中，农村土地实行家庭承包经营是基础和核心，并且无论何种分配方式，都是无偿的，村民在承包期内无须支付任何费用。集体土地所有权人无法像私人所有权人那样享有任意处分标的物的权能，相反，《民法典》《农村土地承包法》等法律确立的我国农村基本经营制度和集体土地的家庭承包经营制度，实质上构成农民集体土地所有权的内在限制。这种限制不仅体现在农村集体经济组织采取的发包方式上，比如“家庭承包”是农村土地承包制度的基础，还体现在如何利用农村土地上，比如承包方不能擅自将承包土地（耕地）用于非农业生产。即便是在大部分村民都不再实际从事农业生产的情况下，也禁止发包方不对本集体经济组织成员发包土地，而将承包地发包给非集体成员。哪怕集体经济组织（或土地所有权人）“在名义上”取得村民会议三分之二成员或三分之二以上村民代表的同意（《农村土地承包法》第19条第3项），其亦不具有作出此种决定的权能。

因此，新《农村土地承包法》第5条第2款“任何组织和个人不得剥夺和非法限制农村集体经济组织成员承包土地的权利”之规定，其规范目的在于确保农村村民平等承包本集体的土地，强调农村集体经济组织实行家庭承包经营的不可剥夺性。这一规则应属于效力性强制性规定，根据《民法典》第153条第1款，上述集体经济组织向非集体成员发包土地的行为，应属无效。当然，上述第153条所谓“强制性规定”实为禁止性规定，因为强制性规定属于“当为”，不发生否定行为本身的效果。① 换言之，对于农村集体土地所有权来说，在适用《民法典》第240条所有权人权能的规定之时，需要进行限缩解释。这不仅仅是因为集体土地所有权人在权利主体上的抽象性导致所有权人无法对承包地进行实际占有，更是因为集体土地所有权人在“处分”权能上的限定性。依本书立场，农村土地的集体所有和实行家庭承包经营，二者互为表里，无法分割。恰恰是因为家庭承包经营的存在及其基础地

① 参见杨代雄：《法律行为论》，北京大学出版社2021年版，第391页。

位，限制了集体土地所有权人能够依其意思表示任意发包农村土地的可能性。相反，人们只能遵循向本集体内部所有成员平等发包土地的规则。这一点在以往可能恰恰被人们忽视。

第三节　集体成员承包农地作为“基本权利”对土地经营权的意义

一、确认集体成员承包土地的基本权利未排斥农地“三权分置”

根据2019年《土地承包关系稳定意见》，“保持土地承包关系稳定并长久不变”内涵的第二个方面内容是“保持农户依法承包集体土地的基本权利长久不变”。如上所述，由于新《农村土地承包法》和《民法典》均确立了农村土地的二元承包模式，因此，所谓“农户承包土地的基本权利”之含义，不仅是指农户或集体经济组织成员可以根据《农村土地承包法》第3条第2款，通过不同模式承包集体土地，而且家庭承包是农村土地承包的主要形态，需要坚持家庭承包经营所具有的基础性地位。农民家庭或集体经济组织成员可以依法承包集体土地（向农村村民分配土地用于耕种），向来为我国法律所确认。新《农村土地承包法》第5条第1款规定：“农村集体经济组织成员有权依法承包由本集体经济组织发包的农村土地。”由此，本集体经济组织内的所有成员都有权请求承包农村土地。[①] 如果暂时抛开土地承包经营权主体应当是农村集体经济组织成员（《农村土地承包法》第5条），还是作为承包合同当事人之承包方的“本集体经济组织的农户”（《农村土地承包法》第16条第1款）的理论争议，基于上述第5条第1款位于“总则”章的设置可知，在农村土地承包中，所有集体成员，不论是否成年都有权利要求农民集体分配承包地用于耕种，哪怕《农村土地承包法》最终仅仅是在

① 参见黄薇主编：《中华人民共和国农村土地承包法释义》，法律出版社2019年版，第24页以下。

形式上实现这一目标。事实上，这一立场在 2002 年《农村土地承包法》第 1 条的立法目的中即被明确：“为稳定和完善以家庭承包经营为基础、统分结合的双层经营体制，赋予农民长期而有保障的土地使用权，……，制定本法”。这里所谓“土地使用权”，即为新《农村土地承包法》第 23 条规定的“土地承包经营权”，并且权利人（承包方）就是作为集体经济组织成员的“农民”。

根据《土地承包关系稳定意见》，集体成员承包农地的基本权利不仅强调“长久保障和实现农户依法承包集体土地的基本权利”，集体经济组织成员向农民集体申请承包土地的权利不能被剥夺或非法限制，而且提出“要根据时代发展需要，不断强化对土地承包权的物权保护，依法保障农民对承包地占有、使用、收益、流转及承包土地的经营权抵押、担保权利”。以下分别予以论述。

就前一方面要求而言，不过是在重申新《农村土地承包法》第 5 条第 2 款已经确立的规定。以农村土地的家庭承包经营为例，由于其本身具有社会福利和保障的因素，农户作为“家庭承包的承包方”（《农村土地承包法》第 16 条第 1 款），始终能够要求集体分配承包地用于农业生产。正是在这种意义上，《民法典》第 55 条将取得土地承包经营权的农村集体经济组织成员称为“农村承包经营户”，使之成为一类独立的民事主体。

与此同时，《农村土地承包法》第 5 条第 2 款还具有反向限制的制度功能。换言之，立法者或者制定法也不能违反集体经济组织应当向本集体经济组织成员平等分配承包地的规定（《农村土地承包法》第 19 条），而径直规定实行集体统一经营模式，取消农村土地的家庭承包经营。究其原因，一方面在于第 5 条第 2 款本身处于“总则”章的位置，决定了它能够统领后面关于土地承包经营的具体规定，另一方面则是因为《宪法》确立的劳动群众集体所有制（第 6 条第 1 款），要求农民集体将作为生产资料的农村土地之承包经营在全体成员间进行分配，用于从事农业生产（即内部承包或平等发包）。

正是在这种意义上，自物权法时代以来，实证法所确立的“土地承包经营权”（原《物权法》第 125 条、《民法典》第 331 条）虽被定位为一种用益物权，但呈现出明显的特殊性或者封闭性，而仅对本集体经济组织内部成员进行发包，并由本集体成员通过家庭承包方式取得土地承包经营权，即是封闭性的典型表现。除此之外，这种封闭性还表现在农民在“分得”承包地，即取得土地承包经营权之后，对承包地享有的处分权能上。一方面，不仅农民享有的土地承包经营权的互换和转让，应当在本集体经济组织内部进行（《农村土地承包法》第34条），从而导致受让方的范围也必然是封闭的。换言之，非集体经济组织成员无法通过互换或转让，取得承包地用于耕种，而且根据《农村土地承包法》第34条，承包方（农民）对于承包地的“转让”，还应当事先经过“发包方同意”，这使得受让方全部取得或部分取得转让方的土地承包经营权又增加了一个限制性条件。在《农村土地承包法》修正之前，学界有观点认为，对农民转让土地承包经营权增加“发包方同意”的要求，会给发包方或作为其代表人的村民委员会随意干预承包方自主利用土地，留下空间。不过，从新《农村土地承包法》关于土地承包经营权转让的规定来看，原来的规则得到保留。在《民法典》颁布实施后，尽管其第334条仅规定土地承包经营权人有权将土地承包经营权互换或转让，未明确提及转让时需经发包方同意，但该条同时规定权利人应当“按照法律规定”进行转让，因此，基于《农村土地承包法》作为特别私法的位阶，解释上应当认为《民法典》第334条关于土地承包经营权转让的要件认定，适用《农村土地承包法》第34条的规则，即亦应事先征得发包方的同意。

事实上，从农村集体土地实行封闭发包的做法来看，为维持农民取得的承包地能够始终在本集体内部可以部分地进行“流动”（流转），方便承包方之间耕种需要，自有必要认可互换和转让（《农村土地承包法》第33、34条），但是，土地承包经营权转让将导致原承包方退出特定地块的利用关系，其与发包方之间的承包关系也将随之终止。因此，若转让人将承包地向非集体经济组织成员转让，将导致后者能够取得本只能由集体成员承包的农村土地，而这显然违反了农村集体土地实行内部承包的原则。与此同时，司法实践为了避免发包方滥用“同意”的权利，根据2020年修正后的《农村土地承包司法解释》第13条但书的规定，发包方无法定理由不同意或故意拖延的，转让合同并不因此无效，据此可以认为，实务中土地承包经营权转让并不会受到发包方故意拖延不予同意的阻碍，本集体成员的当事人之间的转让合同仍为有效，根据《民法典》第333条，受让方在转让合同生效时即取得土地承包经营权。也有观点认为，在法律上规定承包方不得自由转让土地承包经营权，可以防止无地农民可能导致的社会问题。

本书认为，在上述《农村土地承包司法解释》第13条但书的要求下，原则上承包方转让其土地承包经营权的合同属于有效，因此，《农村土地承包法》第34条的同意规则可以理解为，发包方都会同意承包方向其他集体成员转让土地承包经营权，从而前者随意干涉农户对承包地处分的空间实际上已经很小。有关“转让”土地承包经营权可能会导致对社会问题的担忧，未免有些夸大其辞。改革开放以来，我国城镇化水平越来越高，如今农村中大量的农民尤其是青壮年劳动力离开农村土地、进入城市打拼寻找自己的梦想，客观上没有再从事农业生产，但传统农民们“不事稼穑”并未造成大规模的社会问题，因此将其作为限制农民转让土地承包经营权的理由，是“转让”不能承受之重。所以，那种意图通过农村土地将农民束缚于农业生产当中的想法，既不符合我国大量农民工进城务工的实际，也难以适应我国社会主义市场经济发展中要素市场化配置的要求。2020年3月30日，中共中央、国务院发布的《关于构建更加完善的要素市场化配置体制机制的意见》不仅将“市场决定，有序流动”作为要素市场化配置改革的原则之一，而且提出“健全统一规范的人力资源市场体系……。营造公平就业环境，依法纠正身份、性别等就业歧视现象，保障城乡劳动者享有平等就业权利”。实践中，倘若有用工单位区分城镇居民和农村村民身份，实行不同待遇，将涉嫌就业歧视，而各个阶层的劳动者享有平等就业权利，则要求对城乡劳动者一视同仁。此外，将集体所有的承包地在本集体经济组织内部进行平等发包，这也是我国农村基本经营制度的宪法依据（《宪法》第8条第1款）。

对于“集体成员承包农地的基本权利”之后一方面要求而言，主要是指承包方享有的具体民事权利及其行使问题。如果说确保农民能够依法承包集体土地属于原则性要求，那么保护农民基于承包合同所取得的各项土地权利，则是贯彻上述原则的具体措施。因此，《土地承包关系稳定意见》所谓“强化对土地承包权的物权保护”之要求，首先意味着对农民在承包地上的权利保护方式需要区分物权性保护和债权性保护。这依稀透露出2002年立法机关审议《农村土地承包法》时，提到的“对农民的土地承包经营权实行物权保护”的影子。由于此种表述针对的是家庭承包，相较之下，似乎需要对其他方式承包场合下承包人取得的“土地承包经营权”（2009年《农村土地承包法》第49条），实行债权保护。不过，上文已论证在《农村土地承包法》修法之前，两种承包关系（类型）所产生的权利，均为物权性质的用益物权。如何判定农民通过承包土地、从事农业生产，在农村土地上建立起来的法律关系的性质，这在现行法中不再是一个问题。因为不管是新《农村土地承包法》，还是《民法典》都将农民承包土地的权利规定为土地承包经营权，权利人对自己承包的农村土地“享有占有、使用和收益的权利，有权从事种植业、林业、畜牧业等农业生产”（《民法典》第331条）。上文已论证，农村集体经济组织成员承包集体土地所取得的权利，并非债权，而是一种用益物权，即《民法典》第331条规定的土地承包经营权（相应地，《农村土地承包法》第9条的表述为“承包方承包土地后，享有土地承包经营权”，这与上述第331条立场一致）。总之，将土地承包经营权作为物权，这是我国现行法确立的物债二分体系的内在要求，也是《民法典》第116条物权法定原则的结果。

另一方面，根据《民法典》关于农村土地承包的规定，应当认可承包方取得的土地承包经营权具有物权属性，并坚持以物权思维分析承包地利用关系。根据新《农村土地承包法》确立的农地“三权分置”规则，虽然获得承包地、享有土地承包经营权的承包方可以保留土地承包权，流转土地经营权（第9条），但谁曾想到这竟然是《农村土地承包法》唯一一次提及“土地承包权”。上文已经论证此种“权利”表述难以成立（第一章第三节），解释上，家庭承包场合的承包地实行“三权分置”后，承包方所保留的应当是土地承包经营权，而《土地承包关系稳定意见》仍按以前的政策文件表述称其为“土地承包权”，并不准确。

其次，《土地承包关系稳定意见》“强化对土地承包权的物权保护”的提法，也包括承包地“三权分置”场合下如何保护农民土地权利的问题。即不仅需要保护承包方自己耕种土地时所享有的土地承包经营权，包括将其承包地的土地经营权向金融机构担保融资（新《农村土地承包法》第47条第1款第1句），而且土地由他人经营时承包方的相应权益也应得到保护。家庭承包场合的承包方对承包地进行“流转”，可称为“土地他营”模式，但此时承包方仍维持土地承包经营权人的法律地位，其与农民集体之间已经形成的物权关系没有变动，尽管土地经营权人（新型农业经营主体）通过流转合同实际上获得了承包地的占有和使用（《农村土地承包法》第36条、《民法典》第340条）。

因此，一方面农民自己经营土地时，不仅可以基于其土地承包经营权人的地位对承包地实行占有、使用和收益权能（《民法典》第331条），也可以将承包地的土地经营权向金融机构融资担保；另一方面他还能通过出租、入股或其他方式将承包地流转给他人（《民法典》第339条称之为“流转土地经营权”）。此时，现行法土地承包经营权的内涵也基本摆脱了其在2009年《农村土地承包法》、原《物权法》中的非单纯用益物权角色，物权人的权能愈发显得完整。因此，学界所谓其仅有物权之名，而无物权之实的立场，[①]如今也难以成立。作为承包方的农户通过流转合同给受让方设立土地经营权，这也是前者行使物权的一种方式，所以不仅承包地流转的价款应由农户和受让方自行协商确定，而且承包地流转的收益也归农户所有，任何组织或个人包括村民委员会及其负责人不得截留、扣缴（《农村土地承包法》第39条）。此外，作为对承包方享有的土地承包经营权保护的方式，任何组织或者个人包括作为土地所有权人的农民集体及其代表人，均不得强迫或者阻碍承包方流转土地经营权（《农村土地承包法》第38条），原因恰恰在于物权人有权决定如何处分自己的物权，当然包括不将承包地流转。新《农村土地承包法》第38条第3项继而规定，行为人强迫或阻碍承包方进行土地承包经营权转让或互换，应当承担停止侵害、赔偿损失等民事责任。

根据《土地承包关系稳定意见》，“保持土地承包关系稳定并长久不变”内涵的第三个、也是最后一个方面的内容是“保持农户承包地稳定”。所谓承包地稳定，其实是指承包地上的法律关系稳定。通常而言，除了实践中出

---

① 参见温世扬、武亦文：《土地承包经营权转让刍议》，《浙江社会科学》2009年第2期。

现行政区域调整，比如依法实施的农村“合村并居”等情形，某一农民集体所有的承包地的位置、数量、地块、面积等土地禀赋要素应当保持不变。这一判断已在最新的农村土地政策中得到验证。根据2022年9月13日自然资源部、农业农村部联合印发的《关于做好不动产统一登记与土地承包合同管理工作有序衔接的通知》（自然资发〔2022〕157号），在第二轮土地承包到期后再延长30年试点地区，“对于延包中因土地承包合同期限变化直接顺延的，农业农村部门组织签订延包合同”。在这种意义上，所谓“保持农户承包地稳定”，是指在第二轮土地承包中已由本集体经济组织成员张三承包的土地，开展新一轮农村土地承包时还应当由张三继续承包，即张三仍是土地承包经营权人，只是根据《民法典》第333条第1款关于土地承包经营权设立的规定，在操作上需要（由农业农村部门组织）重新签订承包合同（延包合同）。同时，自然资源部门应当“在原农村土地承包经营权证书上标注记载，加盖不动产登记专用章”。保持土地承包关系稳定，原则上不允许农村集体经济组织（发包方）调整承包土地或者“打乱重分”，这是我国土地承包经营法律制度一直坚持的立场。根据新《农村土地承包法》第28条第1款的规定，（家庭）承包期内，禁止发包方调整承包地。解释上，此所谓“调整”术语，当取其狭义，是指土地所有权人将原承包方承包的土地交给本集体经济组织其他成员进行耕种，而不包括同法第27条规定的“收回承包地”的情形。因为后者是指农村集体经济组织作为土地所有权人代表人行使所有权权能，将原来由单个农民取得的承包地恢复到土地所有权人手中，由后者取得承包地占有，直接管理、控制承包地，原有承包关系归于消灭。但是，为了发展连片种植，提升农业综合生产能力，在农户自愿的前提下，鼓励各地“开展互换并地，发展连片种植”。

综上可知，在满足农户享有持续承包集体土地的基本权利和确保原有承包地及土地承包关系稳定的双重条件下，将使得在集体土地上实行家庭承包经营的“基本制度”更加牢固，家庭承包经营的基础性地位更为稳定。这无疑对于取得土地承包经营权的集体成员来说具有重要意义，同时，根据新《农村土地承包法》第9条，承包方拿到承包土地后，可以流转土地经营权，将承包地交给他人（新型经营主体）经营，因此，新型经营主体在保持承包关系稳定并长久不变的政策下，当然也将对土地利用关系形成稳定的法律预期。权利人（在第二轮土地承包中）已享有的土地经营权，也不会因为第三轮土地承包而受到不利影响。由于2018年《农村土地承包法》修正之目的之一，即在于为土地经营权人实现土地集中连片经营解除法律障碍，因此，上述《土地承包关系稳定意见》关于“长久不变”政策的三方面内涵，毋宁都是为了使得土地经营权在第三轮土地承包中获得更大的适用空间，即便根据《农村土地承包法》第9条，采取承包地“自营”的承包方也将越来越少（这一趋势从近年来我国人口逐渐升高的城镇化率中已得到反映，并且也是农业规模化、集约化的必然）。而本集体成员保留自己享有的土地承包经营权，在未“丧失”土地的情况下，将承包地交给他人经营，在合同约定的一定期限届满后，自己仍能够恢复对承包地的占有、控制，无疑将是具有竞争力的选项。依照本书立场，农村承包地“三权分置”改革，实质上就是一种不断淡化对承包地的身份关系，强调多种土地利用关系的过程。

二、推进“长久不变”政策之措施的具体含义

与此同时，2019年《土地承包关系稳定意见》第四部分“稳妥推进‘长久不变’实施”，就如何落实土地承包关系稳定并长久不变，提出了四项应对措施。首先要求“稳定土地承包关系”。具体而言，强调“第二轮土地承包到期后应坚持延包原则，不得将承包地打乱重分，确保绝大多数农户原有承包地继续保持稳定。”这里所谓“坚持延包原则”，即集体经济组织成员的原有承包期限届满后自动延包原则。在第二轮土地承包期届满时，原承包方按原来条件继续承包农村集体土地，承包土地不变不换，并取得承包地的土地承包经营权。改革开放以来，我国农村土地承包经历了不同发展阶段。第一轮农村土地承包从1978年开始，承包期为十五年，最早的是在1993年到期。为应对第一轮土地承包中最早到期的农村土地承包问题，1993年11月，中央发文明确第二轮土地承包期延长三十年。2002年、2007年陆续颁布的《农村土地承包法》《物权法》相继明确，农村家庭承包的耕地的承包期为三十年（如《农村土地承包法》第20条第1款）。当然，由于历史的原因，第一轮农地承包并不是全国统一推进和部署，有的地方开始得早，有的

地方开始得晚一些。根据《中共中央关于一九八四年农村工作的通知》（即1984年发布的中央一号文件），农村土地的承包期限一般应在十五年以上，对于生产周期长以及开发性的项目，承包期可以更长。从而，有的地方是从1984年开始了第一轮农地承包，并于1999年到期，自2023年开始，第二轮土地承包涉及的土地承包合同将会陆续到期。不过，由于我国农村绝大多数地方的第二轮土地承包始于1997年，从而将在2027年左右迎来大规模到期。[①]《土地承包关系稳定意见》在第二轮土地承包期限届满的峰值到来之前，就农村土地承包经营制度进行统一部署，正当其时。[②]

不过，根据《农村土地承包法》第23条关于土地承包经营权设立要件的规定（《民法典》物权编第333条第1款作出同样规定），在实践中需要发包方和承包方重新签订书面承包合同。并且，在集体内部农村承包地不能打乱重分，因为自动延包原则是指农户针对原来耕种的同一承包地可以继续取得土地承包经营权，而不是由农民集体“重新分田”。在这种意义上，承包地“自动延包”原则，不仅是指农村土地承包应当继续实行以家庭承包经营为基础的经营体制，更重要的是指，在原来承包地上的土地承包经营权人，仍一如其旧。正是因为多年以前，我国农村有些地方对于土地家庭承包经营制度理解的偏差，集体（生产队）对农民承包的耕地“一年小调整，三年大调整”，曾引起了一定社会负面影响，从而2002年《农村土地承包法》确立了“大稳定，小调整”原则，即一般情况禁止发包方调整承包地（2009年《农村土地承包法》第27条第1款），只在特殊情况下才允许针对个别承包方的承包地进行单独调整，不仅规定了双重三分之二的多数决规则，还需经乡镇政府或县级政府农业农村等行政主管部门批准（第27条第2款）。其目的就在于，防止发包方调整或收回承包地的要求，在实践中变样走形、被曲解乃至被掏空。为此，即便在新《农村土地承包法》中继续强调土地所有权

---

① 参见宋志红：《中国农村土地制度改革研究》，中国人民大学出版社2017年版，第151页。

② 国务院办公厅2020年11月9日发布的《关于同意建立第二轮土地承包到期后再延长三十年试点部际联席会议制度的函》（国办函〔2020〕104号）要求，由农业农村部、中央农办牵头设立第二轮土地承包到期后再延长三十年试点部际联席会议制度，组织和指导全国第二轮土地承包到期后再延长三十年试点工作。载中国政府网，http：//www. gov. cn/zhengce/content/2020 - 11/16/content_5561870. htm，2022年6月18日最后访问。

人或农村集体经济组织不得调整承包地（第 27、28 条），但是仍有必要在政策层面明确重申，农民原有承包地块的承包合同到期后，禁止地方或发包方“重新分田”，确保应当延包的，尽量延包，确保家庭承包经营的基本稳定和农民对承包地享有的合法利益不受损害。

需要注意的是，根据《民法典》第 333 条第 1 款（新《农村土地承包法》第 23 条亦同），土地承包经营权自承包合同（土地承包经营权合同）生效时设立，第三轮农村土地承包开始后，农民在原承包地块上的承包合同因为期限届满而终止，基于“自动延包”原则，发包方有义务与作为集体经济组织成员的农户就该承包地重新订立土地承包合同。因此，发包方原则上不能拒绝承包方就原有承包地块依原条件续订承包合同的合理要求。就承包合同订立模式来看，基于“自动延包”原则，新的土地承包经营权合同（延包合同）的订立具有特殊性：显然，发包方不能就标的物增加或减少有关的意思表示（比如，发包方要求承包方减少承包地面积），而只能以第二轮土地承包中的承包合同内容作为唯一标准。当然，第 333 条的承包合同订立本来就未采用“要约—承诺”的常态缔约方式。① 依本书立场，这也将有利于保护新型农业经营主体已经取得的土地经营权，稳定土地利用关系。

此外，既然“稳定土地承包关系”要求坚持自动延包原则，那么确定新的承包合同具体期限之长短，自然是题中之意。并且，由于我国土地承包经营权设立采用登记对抗主义的物权变动模式，因此，承包合同是取得此种物权的必要且充分条件，实际上也直接影响到自动延包的效果。毕竟，即便在政策上要求原承包地仍由原承包方继续承包经营，但是，倘若发包方和承包方没有订立承包合同，根据《农村土地承包法》第 23 条，则承包方仍未取得土地承包经营权。在这种意义上，《土地承包关系稳定意见》要求“土地承包期再延长三十年”的做法，与上述“稳定承包关系”的措施，实为同一内容，或者至少是同一问题的两个不同方面。而《土地承包关系稳定意见》将二者区分对待，其意义或只为强调农村耕地承包合同“三十年”期限的重

① 参见徐涤宇、张家勇主编：《〈中华人民共和国民法典〉评注》（精要版），法律出版社 2022 年版，第 341 页。

要性和限定性。事实上，现行法对此也已经作出直接回应。2018 年修正的《农村土地承包法》第 21 条在规定了“耕地的承包期为三十年”后，接着规定“前款规定的耕地承包期届满后再延长三十年”。并且，2019 年修正的《土地管理法》第 13 条第 1 款也规定：“耕地承包期届满后再延长三十年，草地、林地承包期届满后依法相应延长。”

根据《土地承包关系稳定意见》，推进“承包关系稳定并长久不变”包括四方面的具体措施：稳定土地承包关系；第二轮土地承包到期后再延长三十年；继续提倡“增人不增地、减人不减地”；建立健全土地承包权依法自愿有偿转让机制。其中，对前两项措施的理解已如上述，这里就后面两项措施论述如下：

20 世纪 80 年代以后实行家庭承包经营制度，只是解决了在集体经济组织内农村土地由农户家庭进行承包，但是实践中人们不仅关心土地承包期限问题，而且在有些地方一度出现发包方频繁调整承包地的现象。为解决第一轮土地承包陆续到期的问题，中央政策在 1993 年 11 月提出：“为稳定土地承包关系，鼓励农民增加投入，提高土地生产率在原定的耕地承包期到期后，再延长 30 年不变。……为避免承包耕地的频繁变动，防止耕地经营规模不断被细分，提倡在承包期内实行‘增人不增地，减人不减地’的办法。”这种禁止发包方在承包期限内调整（收回）承包地的做法，也在 2009 年《农村土地承包法》第 27 条中确定下来（对应新《农村土地承包法》第 28 条），带来的结果就是除了因自然灾害等极为特殊的情况外，集体经济组织在承包期内实行“增人不增地，减人不减地”，农村村民能够在有效承包期内稳定地获得承包地从事农业生产。只在因家庭成员全部死亡而导致承包方消亡的情况下，发包方才能收回承包地，另行发包。

与此同时，根据《土地承包关系稳定意见》，对于那些迁往城镇落户的农村居民，支持其依法“在本集体经济组织内转让土地承包权或将承包地退还集体经济组织，也可鼓励其多种形式流转承包地经营权”。首先作为退出农村土地承包关系的一种方式，取得土地承包经营权的承包方将其承包地向本集体经济组织其他成员进行转让，应属于《农村土地承包法》第 34 条规定的“土地承包经营权转让”，而非《土地承包关系稳定意见》提到的“土地承包权转让”。其次，根据承包地“三权分置”，承包方也能将其土地经营权以出租、入股等方式流转给新型农业经营主体，此时应当适用新《农村土地承包法》第 36 条及《民法典》第 339 条，确立承包方和新型农业经营主体之间的权利义务关系。并且，根据《土地承包关系稳定意见》，为维护进城农户土地承包权益，目前不得以退出土地承包权作为农户进城落户的条件。2018 年修正的《农村土地承包法》第 1 条立法目的被修改为“保持农村土地承包关系稳定并长久不变，维护农村土地承包经营当事人的合法权益”，意味着该法不但像过去一样注重保护农民的土地承包经营权，而且致力于保护土地承包经营关系中各类权利人的利益。从《农村土地承包法》的具体条文和修法目的来看，最主要的是两种法律关系：即农民的土地承包经营权和新型农业经营主体的土地经营权。二者属于相辅相成、相互促进的有机关系。作为前提和基础的农户取得的土地承包经营权之稳定，将为新时代以适度规模化、专业化为典型特征的土地经营权带来值得期待的制度效果。

第四章 土地经营权融资担保：规范、原理与实践

2017 年 10 月 31 日，随着第十二届全国人民代表大会常务委员会第三十次会议初次审议《中华人民共和国农村土地承包法修正案（草案）》（以下简称《农村土地承包法修正案草案》），[①] 意味着我国农地家庭承包制度施行近四十年之际，迎来重大改革当口。尤其是如何将农民集体所有的农村土地（耕地）使用权用于抵押（《农村土地承包法修正案草案》称之为“融资担保”），成为此次农地改革的主要突破口和目标。如今的农村土地利用中，新型农业经营主体大量涌现，“家庭承包，多元经营”的格局已经形成，[②] 并且

---

* 本章部分内容发表于《中国不动产法研究》2021 年总第 23 辑，收入本书时进行了必要修改。

① 参见《全国人大常委会审议农村土地承包法修正案草案》，载新华网，http：//www. xinhuanet. com/politics/2017 -10/31/c_ 1121886181. htm；《权威解读：农村土地承包法修正案草案解读》，http：//www. npc. gov. cn/zgrdw/npc/lfzt/rlyw/2017 -11/02/content_ 2031363. htm，载中国人大网，2022 年 5 月 1 日最后访问。

② 参见刘振伟：《关于〈中华人民共和国农村土地承包法修正案（草案）〉的说明——2017 年 10 月 31 日在第十二届全国人民代表大会常务委员会第三十次次会议上》。随后的 2017 年 11 月 7 日，全国人大常委会在官网上就《中华人民共和国农村土地承包法修正案（草案）》公开征求社会意见，最终录得 313 人次，共 859 条意见建议。参见《已经结束的征求意见》，http：//www. npc. gov. cn/zgrdw/npc/flcazqyj/node_ 8195_ 2. htm，载中国人大网，2022 年 5 月 1 日最后访问。本书即以此《农村土地承包法修正案（草案）》文本作为分析对象。

农地流转规模也越来越大。[1] 始自 2015 年的新一轮农村土地改革的任务之一，即在于解决新时代社会经济条件下农村土地（耕地）如何有效利用的问题。经第二次修正、2019 年 1 月 1 日生效的新《农村土地承包法》就农村承包地（耕地）利用作出重大修改。随后，正在进行的民法典编纂也作出相应调整。[2] 2020 年 5 月正式颁布的《民法典》对农地“三权分置”进行了相应完善，[3] 比如《民法典》第 339、340 条。由此可见，派生于土地承包经营权的土地经营权属于承包地流转之法律效果的立场，已被立法者采纳，但是，在新《农村土地承包法》背景下，土地经营权如何融资，即如何落实（土地）担保的功能，其作为核心概念如何融入既有法体系等问题，却非因立法事件而获得当然解答。

第一节　农地融资担保客体的确定

在《民法典》实施之前，我国农地融资改革的实践由来已久。2015 年 8 月，国务院发布的《关于开展农村承包土地的经营权和农民住房财产权抵押贷款试点的指导意见》（以下简称《“两权”抵押意见》）允许农村承包土地的经营权用于“抵押”，在政策层面率先提出将土地经营权作为担保财产的法学命题。然而，依彼时担保物权体系，是否可将土地经营权用于抵押，不宜轻易定夺。下文将论证，有关政策文件的提法是基于放活土地经营权的目

① 到 2016 年底，全国家庭承包的耕地流转面积为 4.7 亿亩，占比 35.1%。参见全国人大农业与农村委员会法案室编著：《农村土地承包法律制度研究》，中国法制出版社 2017 年版，第 32 页。截至 2017 年底，全部或部分流转出土地的面积达到 5.12 亿亩，占家庭承包地总面积的 37%，参见韩长赋：《中国农村土地制度改革——2018 年 12 月 4 日在农业农村部农村改革 40 年专题会上的报告》，《农业经济问题》2019 年第 1 期。

② 对于《民法典物权编草案》（二审稿）的有关情况，参见沈春耀：《全国人民代表大会宪法和法律委员会关于民法典物权编（草案）修改情况的汇报——2019 年 4 月 20 日在第十三届全国人民代表大会常务委员会第十次会议上》，载中国人大网，http://www.npc.gov.cn/zgrdw/npc/cwhhy/13jcwh/2019-04/20/content_2085380.htm，2021 年 1 月 5 日最后访问。

③ 参见王晨（全国人民代表大会常务委员会副委员长）：《关于〈中华人民共和国民法典（草案）〉的说明——2020 年 5 月 22 日在第十三届全国人民代表大会第三次会议上》，载《中国人大》2020 年第 12 期。

标、在将其作为融资工具的意义上而言的，人们不能当然得出土地经营权能够作为抵押权客体的结论。相反，土地经营权应当属于质权客体。由于政策文件多在家庭承包语境下讨论土地经营权问题，因此，本章对“土地经营权性质”“土地经营权融资担保”等有关内容的探讨，若未特别说明，均限于家庭承包范畴。至于新《农村土地承包法》基于两种不同承包方式而形成的其他方式承包场合之土地经营权（担保）类型问题，则将在本章第三节专门探讨。

土地经营权性质的判定作为农地“三权分置”的核心问题，与承包地利用的私法结构密切相关。在民法学理上，对他人不动产利用的法律模式，存在用益物权形态和债权形态之二分。[①] 就农村承包地的具体利用方式而言，前者以“转让”为代表，后者以“出租”为典型。“转让”方式使得受让方取代原承包方的法律地位，并获得土地承包经营权（新《农村土地承包法》第34条），但“出租”方式并未使得原承包方丧失土地承包经营权人的地位，其与出租人形成债权债务关系。在《农村土地承包法》修改过程中，人们对土地经营权的讨论非常热烈。学界多数说认为，“三权分置”下的土地经营权应属物权，[②] 土地承包经营权已是全新的用益物权，“农村土地经营权流转期限达到5年以上的可以进行登记，登记后就变成用益物权，这种用益物权可以基于融资的需要进行抵押”。[③] 也有观点认为土地经营权是以土地承包经营权为客体的“权利用益物权”，承包权和经营权分置可容纳于用益物权体系，其法律逻辑为：集体土地所有权作为母权，土地经营权从集体土地所有权派生出来。[④] 对立观点认为，土地经营权属于非身份性财产权，[⑤] 承包

---

① 参见谢在全：《民法物权论》（中册），中国政法大学出版社2011年版，第426页。

② 参见于飞：《从农村土地承包法到民法典物权编：“三权分置”法律表达的完善》，《法学杂志》2020年第2期；丁文：《论“三权分置”中的土地经营权》，《清华法学》2018年第1期。

③ 黄薇：《民法典物权编草案（二审稿）对若干重点问题的回应》，《中州学刊》2019年第7期。

④ 参见蔡立东、姜楠：《承包权与经营权分置的法构造》，《法学研究》2015年第3期。蔡立东、姜楠：《农地三权分置的法实现》，《中国社会科学》2017年第5期。法学界观点，参见崔建远：《民法分则物权编立法研究》，《中国法学》2017年第2期。

⑤ 参见朱广新：《土地承包权与经营权分离的政策意蕴与法制完善》，《法学》2015年第11期。

权为成员权，土地承包经营权应为经营权。[①] 最近观点认为，土地承包经营权的概念应当保留，同时土地经营权作为债权性利用权，应赋予其登记后对抗第三人的效力。[②]

事实上，2015 年《“两权”抵押意见》只是对农地“三权分置”提出初步制度设想，并未明确土地经营权的属性。我国早期民事立法也存在以抵押担保囊括质押担保的做法。比如，学界有观点认为，原《民法通则》第 89 条第 2 项所谓担保人应“提供一定的财产作为抵押物”的规定，就属于未明确区分抵押担保和质押担保的情形。[③] 当时，立法者对于担保法中抵押和质押的区分并不清晰，只强调二者具有担保债权实现的功能（因此它们才与“保证”，一同被规定于《中华人民共和国担保法》[已废止]）。

与此同时，2016 年发布的《三权分置意见》关于土地经营权具体权能的描述，[④] 也未涉及“土地经营权”性质。这种做法符合农地改革的政策文件通常只指明大概改革思路而难以形成准确法律表达的一贯模式。相反，在未提出承包地“三权分置”前，学界对土地承包经营权的含义都是极为清楚且纯粹的，即在家庭承包方式下，农民自负盈亏地从本集体经济组织获得特定承包地、在一定期限内自主从事农业生产。而 2007 年实施的《物权法》将其明定为用益物权，根据第 125 条（《民法典》第 331 条亦同），土地承包经营权实质上构成对集体土地所有权的一种内在限制，它以物权人占有承包地为基础，并排斥第三人的占有，即原则上禁止“双重发包”。在实行承包地

---

① 参见许中缘、夏沁：《农村集体土地“三权分置”中政策权利的法律归位》，《烟台大学学报（哲学社会科学版）》2017 年第 4 期。

② 参见高圣平：《论我国农村土地权利结构的重构——以〈农村土地承包法〉的修改为中心》，《法学》2018 年第 2 期；温世扬、吴昊：《集体土地“三权分置”的法律意蕴与制度供给》，《华东政法大学学报》2017 年第 3 期。不同观点认为，土地经营权应称为农地耕作权，参见申惠文：《法律语言学视角中的农地“三权”分置改革》，《中国不动产法研究》第 18 辑，法律出版社 2018 年版，第 221 页。

③ 参见梁慧星主编：《中国民法典草案建议稿附理由·物权编》，法律出版社 2013 年版，第 594 页。

④ 《三权分置意见》提出：“土地经营权人对流转土地依法享有在一定期限内占有、耕作并取得相应收益的权利。……经营主体有权使用流转土地自主从事农业生产经营并获得相应收益；……经营主体再流转土地经营权或依法依规设定抵押，须经承包农户……书面同意。”

“三权分置”之前，我国审判实务通常也不区分承包经营权和经营权两个术语。[①] 尽管人们对土地承包经营权的内涵仍有争议，[②] 但在《民法典》框架下，其属于用益物权自无疑义（《民法典》物权编第331条）。由于从土地承包经营权派生的土地经营权（即《“两权”抵押意见》所谓“承包土地的经营权”）——与前者一样——同样需要“占有”承包地进行农业生产并取得收益（《农村土地承包法》第37条），因此难以将其理解为用益物权。相反，土地经营权属于债权的立场具有合理性。

首先，依据用益物权产生原理，若土地经营权亦属于用益物权，势必出现对同一承包地允许设立两个以占有为内容的用益物权，违反一物一权原则。若将流转期限达到五年以上的土地经营权（《农村土地承包法》第41条）解为用益物权，那么五年以下的土地经营权是否就不是用益物权呢？事实上，法律规定五年（流转）期限的意义应在于赋予当事人选择权利保护方式的自由，而非承认承包地“三权分置”下可成立或物权或债权的两种土地经营权。此外，就维持立法用语协调而言，也应否定存在性质不同的土地经营权的立场。[③]

其次，将土地经营权解释为债权更容易理解“三权分置”下的承包地法权配置关系。家庭承包的土地承包经营权构成集体所有权上的负担，土地承包经营权人可以选择经营的方式，或自营或他营。他营时，承包方土地承包经营权只在某段时间承受权利负担（由受让方实际耕种），自己仍旧维持与发包方之间的原有承包关系（《农村土地承包法》第44条），而受让方的土地经营权属于市场化的权利，此时农地产权结构为“所有权—用益物权—债权”。它与城镇建设用地上已然存在的“土地所有权人—建设用地使用权人—物业承租人”的法权结构相吻合。在这种意义上，土地经营权是对承包

---

① 参见北京市第一中级人民法院（2018）京01民终154号民事判决书。该判决书未区分“承包经营权”和“经营权”，二者均指土地承包经营权。

② 对土地承包经营权二元论的介绍和批评，参见高圣平：《新型农业经营体系下农地产权结构的法律逻辑》，《法学研究》2014年第4期。

③ 不应存在性质不同的多种土地经营权，参见高圣平：《农村土地承包法修改后的承包地法权配置》，《法学研究》2019年第5期；高圣平、王天雁等：《〈中华人民共和国农村土地承包法〉条文理解与适用》，人民法院出版社2019年版，第235页。

方享有的用益物权的一种支配类型，使得该用益物权承受了新的法律负担，属于债之关系。客观上表现为受让方取得承包地的占有，但土地承包经营权仍维持其作为整体性的限制物权之定位。

再次，就设立土地经营权融资担保而言，土地经营权担保物权自担保合同生效时设立的规则（《农村土地承包法》第47条第2款），并不当然表明作为担保财产的土地经营权属于物权。相反，以债权设质，亦不妨碍担保物权的设立采登记对抗主义。若将土地经营权解为用益物权，难以解释的是，为何需要承包方书面同意，受让方才能就土地经营权设立担保物权（第47条第1款后半段），显然此种规则与用益物权性质不相符合。相反，若将土地经营权解为债权，则受让方处分土地经营权需承包方同意的要求，反倒与债务承担需经债权人同意的规则（原《合同法》第84条，《民法典》合同编第551条）相一致。

最后，若仅为稳定受让方的经营预期，就简单地认为土地经营权应属用益物权的观点，有待商榷。承包地规模化、集约经营模式下，将承包地用于他人经营时，若将受让方取得的权利定位为债权，表面上似乎不利于保障其长期经营信心。但权利的周密保护程度并不完全取决于其属于债权还是物权，受让方对承包方或发包方收回承包地的担忧，完全可以通过在流转协议中约定对其有利的合同条款（比如违约责任），或通过新的立法技术予以应对。比如就立法论而言，对流转期限为五年以上的土地经营权，通过登记使其具备物权效力，[①] 也能实现对新型经营主体的保护。可见，仅单纯地出于保护新型经营主体的需要，不能将土地经营权定位为用益物权。

此外，不可能产生的是，如果家庭承包场合下新型经营主体因流转协议产生的土地经营权为债权的结论成立，则将以其他方式承包产生的“土地经营权”定位为物权。尽管《农村土地承包法》第49条第1句将基于其他方式承包所取得的权利称为土地经营权并定位为用益物权，似乎能够与家庭承包下作为用益物权的土地经营权，实现体系上的协调。然而，立法者径直改变“四荒”土地承包所取得的权利名称，导致长期以来为人们所接受的土地

---

① 参见黄薇主编：《中华人民共和国农村土地承包法释义》，法律出版社2019年版，第180页。

承包经营权内涵变得模糊，也与新《农村土地承包法》“总则”章第3条第2款所确立的农地二元承包体制相龃龉（下文详述），难免有削足适履之嫌。总之，不管在何种承包方式之下，承包方通过承包合同从发包方处均获得土地承包经营权，但承包方式的不同对于权利构造具有影响。在家庭承包场合，农户可通过流转协议在该土地承包经营权上再设立负担，使受让方取得债权性质的土地经营权，实行承包地“三权分置”。

第二节　土地经营权融资担保属于土地经营权质押

一、土地经营权担保与债权质押

在探索承包地“三权分置”改革过程中，土地经营权一开始被归入抵押权客体，其理论预设为：和土地承包经营权一样，土地经营权应属不动产物权，可轻松接入抵押制度。但是此立场值得商榷。根据2016年3月15日中国人民银行、财政部等部门联合发布的《农村承包土地的经营权抵押贷款试点暂行办法》（银发〔2016〕79号）第5条，以家庭承包方式取得土地承包经营权的农户和以流转方式取得“承包土地的经营权”的新型农业经营主体，均可以承包土地的经营权为担保物，向银行业金融机构申请“抵押”贷款。[①] 该规定是根据《“两权”抵押意见》的精神而制定的配套措施。尽管后者提出承包土地的经营权可设立抵押权，“抵押仅限于流转期内的收益”，[②] 但这仅仅属于政策定位，其服务农村金融、解决农地融资之目的导向极为明显：新的农地政策出发点只是为“落实农村土地的用益物权、赋予农民更多财产权利”。因此，不能当然判定土地经营权可作为抵押权客体。新《农村土地承包法》将土地经营权列为担保物，而土地经营权属于债权，那么，将

---

① 但是，第十三届全国人民代表大会常务委员会第七次会议审议通过的《农村土地承包法》第47条第1款将贷款人范围扩大到所有金融机构。

② 《“两权”抵押意见》“一、总体要求”之“（三）基本原则”。

土地经营权用于担保，应落入抵押权范畴还是质权范畴呢？

同为债之担保方式的质权和抵押权，通常并不以担保客体不同以示分野。现代民法常将不动产（有体物）及不动产物权（如用益权或地上权等）作为抵押权标的，[①] 动产原则上不得设立抵押权，[②] 常将其用于质押，而质押标的通常是动产和某些可转让的财产权利。物之外的（广义上）“权利”作为担保客体，质押和抵押均予以肯定，以实证法观之，权利质权类型更为常见。但涉及债权之时，应属债权质权还是债权抵押权，则需考察质押和抵押的内在构造。《意大利民法典》在区分人的担保和物的担保前提下，将质押（pegno）和抵押（ipoteca）作为财产担保（garanzia patrimoniale）的两种基本形态。若以担保客体划分，动产质押（《意大利民法典》第2784条第2款）是“质押”担保的基本形态，与其并列的是“债权质押和其他财产权利质押”（第2800条）。然而，根据《意大利民法典》第2810条第1款，不动产能够成为抵押的客体，且后者还可以是不动产用益权、地上权等，显然，未将债权纳入抵押客体的范畴。此种立法模式与意大利法对质押和抵押的认识标准相关，意大利民法传统理论将丧失质物占有（lo spossessamento）和质物交付（la consegna）作为二者的区分要素：与质权不同，抵押权无须向债权人交付质物占有，而仍由债务人继续保留，并以登记为生效要件（第2808条第2款）。相反，质权之复杂关系的核心在于其属于物权，具有要物性特征，[③] 比如，动产质权之设立必得由债权人或双方当事人指定的第三人取得质物交付，[④] 或取得对其独占支配之权利证书的交付（第2786条第1款）。并且，

---

① 如《意大利民法典》第2810条第1款、我国台湾地区“民法”第860条，以及原《物权法》第180条第1款第1、2项。而认可不动产质押（antichrèse）的法国，也仅以债权人收取不动产收益抵充债权，质权因债权抵充完毕而当然归于消灭，是为“销偿质权”（用益质权）。参见谢在全：《民法物权论》（下册），中国政法大学出版社2011年版，第967页；于海涌：《绝对物权行为理论与物权法律制度研究》，北京大学出版社2006年版，第168页以下。

② 这尤其以《法国民法典》第2119条为代表，但法国法不将动产作为抵押权客体，有其特别原因：抵押设立较为复杂，且在物的分类中贯彻了罗马法之有体物和无体物的二分。参见李世刚：《法国担保法改革》，法律出版社2011年版，第9、11页。但《意大利民法典》第2810条第2款规定了动产抵押权。

③ Cfr. ,S. Ciccarello, *Pegno*（*diritto privato*）, in *Enciclopedia del diritto*, XXXII, Milano, 1982, pp. 683 – 684.

④ Cfr. ,A. Trabucchi, *Istituzioni di diritto civile*, 45°ed. , Padova, 2012, p. 794.

与有体物质押一样，债权质押（第2800、2801条）也具有担保功能。[①]

在我国法上，不动产通常可用于抵押，无须移转担保“财产”之占有，[②] 承认动产质权却未承认不动产质权的原因在于，不动产担保制度已有抵押权可为利用，故实无认可不动产质押的必要。[③] 而动产之上，既可设立质权（《民法典》第425条及以下），亦可设立抵押权（《民法典》第403条）。由于原《物权法》第181条、第189条规定的浮动抵押主要用于解决农业生产者贷款难的问题，[④] 其服务于小微企业融资贷款需求的倾向较为明显，故某种意义上我国动产浮动抵押权仅具特定价值。而《民法典》物权编第396条不仅继续肯定“浮动担保”，还将浮动抵押和一般动产抵押的登记对抗规则进行合并，[⑤] 体系效果更为清晰。可见，需要移转质物占有的动产质押是动产担保的经典形态，而它成为现行法规范的重点，则与其本身的担保便捷性及作为消费性融资主要手段相关。[⑥] 由于质权设立须以取得质押财产占有为要件，质押人丧失了对质押财产的支配，[⑦] 从而对质押人形成精神压力，可促其及时偿债以取回质物。这构成动产质押和不动产抵押的本质区别。

与原《物权法》一样，《民法典》物权编将移转质物占有作为设立动产质权的核心要件（第429条），既有法未见以普通债权作为担保物权客体之明确规定。2020年颁布的《最高人民法院关于适用〈中华人民共和国民法典〉有关担保制度的解释》生效之前，或仅能依原《最高人民法院关于适用〈中华人民共和国担保法〉若干问题的解释》（法释〔2000〕44号）第106

---

① Cfr. ,Rubino, *Il pegno*^{2}, in *Trattato di diritto civile italiano*, diretto da F. Vassalli, XIV, t. I, Torino, 1956, p. 209, nt. I; anche cfr. , S. Ciccarello, *Pegno* (*diritto privato*), cit. ,p. 689.

② 原《担保法》第33条第1款、原《物权法》第179条第1款，参见全国人大常委会法制工作委员会民法室主编：《中华人民共和国物权法条文说明、立法理由及相关规定》（第二版），北京大学出版社2017版，第364页。

③ 参见梁慧星主编：《中国民法典草案建议稿附理由·物权编》，法律出版社2013年版，第595页。

④ 参见全国人大常委会法制工作委员会民法室主编：《中华人民共和国物权法条文说明、立法理由及相关规定》（第二版），北京大学出版社2017年版，第368页。

⑤ 参见龙俊：《民法典中的动产和权利担保体系》，《法学研究》2020年第6期，第35页。

⑥ 参见谢在全：《民法物权论》（下册），中国政法大学出版社2011年版，第964页。

⑦ 参见梁慧星主编：《中国民法典草案建议稿附理由·物权编》，法律出版社2013年版，第595-596页。

条所谓质权人可“向出质人、出质债权的债务人行使质权”的规定，间接认可普通债权质押。对于应将债权纳入何种担保类型的问题，解释上，只能依据抵押权客体和权利质权客体之兜底条款，即《民法典》第 395 条第 1 款第 7 项和《民法典》第 440 条第 7 项予以判断。然而，上述两项规定之规范模式却判然有别：除《民法典》第 399 条第 6 项的情形外，《民法典》第 395 条第 1 款（原《物权法》第 180 条）所谓“法律、行政法规未禁止抵押的其他财产”[①] 均可抵押之规定，意味着“非禁止即可进入”，抵押权客体具有较大的开放性。“财产”一词虽在词源学意义上可指向有体物、某些不动产物权，甚至债权，但结合立法者在权利质权的客体范围中同时使用“其他财产权利”之表述（《民法典》第 440 条），可以推断，作为抵押权客体的“财产”并未囊括所有财产性权利。另一方面，即便考虑到作为兜底条款的《民法典》第 395 条第 1 款第 7 项规定与第 1 款其他条款的同质性，它们也只是涉及有体物和某些不动产物权（比如第 2 项的建设用地使用权、第 3 项的海域使用权），而未包括债权。因此，第 395、399 条之“财产”的含义应予以限制：《民法典》物权编“抵押权”章中所谓的“其他财产”，原则上指向不动产或不动产物权，而债权、股权等“财产性权利”不在其中。

相反，以权利作为担保财产，可分为权利抵押权和权利质权两种，前者以不动产物权（如建设用地使用权）作为标的，后者需以法律明确规定为前提。根据实行抵押权的原理，债务人或第三人可处分的普通债权通常不具备价值权属性，难以进行变价，且债权实现与否全然依赖于债务人的给付，故普通债权不适宜成为抵押财产。惟学说上有认为，普通债权若能特定化则可用于担保，未违背物权客体特定原则，[②] 应属质押范畴。依《民法典》第 440 条第 7 项，权利质权客体范围除该条已列明者外，以“法律或行政法规规定可以出质的其他财产权利”为限。该规定将第 223 条未列入的“其他财产权

---

① 学界对该条的规范模式存在争议，参见程啸：《担保物权研究》，中国人民大学出版社 2017 年版，第 153 页。相反观点认为，原《物权法》第 180 条第 1 款第 7 项的开放性规定，与物权法定主义难以契合。参见易军：《“法不禁止皆自由”的私法精义》，《中国社会科学》2014 年第 4 期。

② 参见陈本寒、黄念：《一般债权质押问题之探讨——兼评我国〈物权法〉（草案）相关条款之规定》，《法学评论》2006 年第 4 期。

利”是否属于权利质权标的之认定问题，交由法律或行政法规判定，表面上契合物权法定原则，但与缓和担保标的特定性、担保客体多元化趋势①恐有违背。有观点认为，② 权利质权客体应采用原《物权法》第180条第1款第7项的规范模式，以照顾担保客体概念的周延性，回应金融创新。需要注意的是，若当事人以非属法律或行政法规规定的“权利”订立质权合同，需要贯彻《民法典》第388条第1款确立的担保合同和担保物权设立的区分规则（《最高人民法院关于适用〈中华人民共和国民法典〉有关担保制度的解释》第63条）。此外，关于权利质权客体范围的确定，体系上还应考虑适用动产质权的规定（《民法典》第446条）。由于动产质权客体范围的规定仅见于《民法典》第426条，反面而言，只要未被法律或行政法规禁止的动产，均可设定质权。故《民法典》第446条的转介功能在于确定权利质权的客体范围：即只要法律或行政法规未予禁止的“其他财产权利”均可设定质权，并需要严格区分作为基础行为的质押合同和质权设立本身。

《农村土地承包法》修法者将土地经营权笼统地理解为一种用于解决农地融资的担保客体——“无论担保、抵押、质押，有利于农民贷款是第一位的，概念之争要让位于实践需要”，③ 以消极回应关于土地经营权性质的激烈争议。然而，土地经营权人需要“占有农村土地”（《农村土地承包法》第37条）的要素与农户土地承包经营权的内容（《民法典》第331条）相重合，导致农地利用上的矛盾。相反，受让方（新型经营主体）与承包地形成债之利用关系，和农户与承包地形成物权利用关系之间并不冲突。此种“所有权—用益物权—债权”的结构，不仅符合限制物权人—第三人分别在不同程度上支配农地的法理，而且也得到我国用益物权制度实践的认可。

① 参见谢在全：《担保物权制度的成长与蜕变》，《法学家》2019年第1期。依《欧洲示范民法典草案》（DCFR）第9-2：104（3）条，可就将来的财产（权利）设立担保物权；中国人民银行2021年12月29日发布的《动产和权利担保统一登记办法》（自2022年2月1日起实施）第3条第1款也允许“将来的金钱债权”作为作为应收账款质押的客体。

② 参见刘保玉：《民法典物权编（草案）担保物权部分的修改建议》，《法学杂志》2019年第3期。

③ 全国人大农业与农村委员会法案室编：《农村土地承包法律制度研究》，中国法制出版社2017年版，第18页。

2019 年 7 月 19 日，国务院办公厅印发的《关于完善建设用地使用权转让、出租、抵押二级市场的指导意见》（国办发〔2019〕34 号）明确规定了“建设用地使用权出租”的权利形态，而此所谓“出租”实质上是国有土地所产生的承租人的占有、使用权能，应当属于一种针对土地本身产生的租赁关系。这一立场同样适用于“三权分置”场合对土地经营权的理解。因此，受让方的土地经营权并不是以占有为内容的用益物权，而应为债权。另一方面，即便土地经营权用于担保未使担保人丧失土地占有，也不能当然将其归入抵押权范畴。原《物权法》并非单纯以担保财产之占有的丧失与否，作为抵押和质押的界分（事实上，在担保财产为有体物时，此种区分标准极为适宜）。就非所有权类型的担保财产而言，判断标准毋宁是根据法律规定（如《民法典》第 440 条第 4 项的股权质权）或权利本身的性质，而债权基于其特性无法归入抵押权客体的范畴。因此，在明确土地经营权属于债权的前提下，土地经营权融资担保实为土地经营权质押，而非土地经营权抵押。在这种意义上，若径直以有关政策文件名称就认定土地经营权可为抵押的观点，[①] 未免失之片面。换言之，政策文件用语并非当然就是法律用语，而应进行转化。《农村土地承包法》修法者曾提及，“土地经营权入股”是贯彻中央提出的“允许农民以承包经营权入股”的直接结果，[②] 即为著例。此外，依新《农村土地承包法》第 47 条第 2 款，担保物权自融资担保合同生效时设立，不仅意味着权利质押体系下的出质登记（如《民法典》第 445 条）不是土地经营权质权的设立要件，而且在农地利用领域允许债权融资方式必将对质权实现产生法体系效应。

二、家庭承包场合的土地承包经营权不得抵押

新《农村土地承包法》在融资担保客体方面变化明显，这直接影响到对农地融资担保类型的理解。尽管在《民法典》生效之前，我国曾禁止家庭承

① 参见高圣平：《论我国农村土地权利结构的重构——以〈农村土地承包法〉的修改为中心》，《法学》2018 年第 2 期。

② 参见刘镇伟：《关于〈中华人民共和国农村土地承包法修正案（草案）〉的说明——2017 年 10 月 31 日在第十二届全国人民代表大会常务委员会第三十次会议上》。

包的土地承包经营权用于抵押或抵偿债务（最高人民法院 2005 年 7 月 29 日颁布的《关于审理涉及农村土地承包纠纷案件适用法律问题的解释》第 15 条，原《物权法》第 184 条第 2 项），但是在承包地“三权分置”政策提出之前，就有声音呼吁将其纳入抵押权客体范畴。[①] 在农地金融担保实践中，农户以家庭承包的土地承包经营权设定抵押，似乎也未碰到难题。早在 2012 年底，山东就允许以盐田上的土地承包经营权用于设立担保，法院在 2015 年作出的判决书中确认，债权人对“用于抵押的……盐滩的承包经营权享有优先受偿权”。[②] 在“集体所有权—土地承包经营权”模式下，土地承包经营权能否抵押的问题，似乎只差在法律文本上改动几个字，便可解决。毕竟，根据原《物权法》第 180 条第 1 款第 3 项，与家庭承包场合的土地承包经营权并列的“四荒”土地承包经营权就可用于抵押（鉴于新《农村土地承包法》第 49 条的修改，《民法典》第 395 条已将其删除）。但是，《民法典》第 410 条关于抵押权实现方式的规定，使得当事人以土地承包经营权设立抵押存在障碍。主流学说认为，应当更新抵押权实现规则，以收益偿债。[③] 不过，需明确的是，上述论断仅限于家庭承包场合，至于 2009 年《农村土地承包法》背景下其他方式承包的土地承包经营权可用于抵押的立场，学说和实务均予以认可。

然而，《农村土地承包法》《民法典》物权编均未明确地将作为用益物权的土地承包经营权纳入担保物范围，以“三权分置”思路重构承包地法权配置，似乎间接否定了以农户取得的土地承包经营权设定担保的可能。解释上，土地承包经营权能否抵押，需重新检讨。有学者指出《民法典》通过后，农村土地存在“两权分置”和“三权分置”的并行，在前一情形中担保客体仍为土地承包经营权，而非土地经营权。[④] 本书认为，根据《农村土地承包法》第 9 条，承包地交由他人经营时，承包方“保留土地承包权”，流转土地经

---

① 有学者基于《物权法》第 128 条前段的概括规定认为，立法者有肯定土地承包经营权抵押的可能。参见王利明：《物权法研究》（下册），中国人民大学出版社 2013 年版，第 849 页。

② 山东省寿光市人民法院（2015）寿商初字第 2788 号民事判决书。

③ 参见房绍坤：《论土地承包经营权抵押的制度构建》，《法学家》2014 年第 2 期。

④ 参见高圣平：《民法典视野下农地融资担保规则的解释论》，《广东社会科学》2020 年第 4 期。

营权，第47条第1款同时赋予农户或新型经营主体（受让方）能以单独的“土地经营权”进行融资担保的权利。《民法典》物权编继续从正反两方面规定抵押财产范围，第399条第2项禁止将集体所有土地的使用权用于抵押，但法律另有规定的除外。农村承包地“三权分置”下，《农村土地承包法》第47条即应属于《民法典》第399条所称法定例外情形。与此同时，承包方自身可以土地经营权作为担保客体的规定（《农村土地承包法》第47条第1款前半段）表明，承包地自营时，土地经营权属于农户的土地承包经营权权能范围。基于土地承包经营权属于用益物权的判断，土地承包经营权人有权在法律限定范围内（《民法典》第331条）选择利用承包地的具体方式，包括维持自己与发包方的承包关系而仅将承包地占有交由他人控制的债之类型，即设立土地经营权，也包括承包方退出原承包关系的“转让”（《农村土地承包法》第34条）。那么，以其未来在该承包地上能够取得的权利进行质押（融资），也未尝不可。

准此，《农村土地承包法》第9条的规范内涵应被理解为，只有承包方将承包地交由他人经营时才发生“三权分置”。承包地自营时，农户以承包地的土地经营权用于质押融资（《农村土地承包法》第47条第1款），不过是在整体性的土地承包经营权上设定的法律负担，土地经营权并非内在地派生于土地承包经营权。此外，由于土地经营权和土地承包经营权涉及同一承包地的利用和控制，若允许土地经营权用于担保之时，再允许土地承包经营权担保，徒增法律关系复杂化。实践中，金融机构通常也不愿意接受就同一承包地用于担保两个及以上债权。

因此，允许承包方将土地经营权用于担保时，农地融资目的始克完成，基于始终保障农户享有承包农地权利的强制性前提，土地承包经营权本身不得作为抵押物，① 以免产生失地风险。在这种意义上，家庭承包场合下的土地承包经营权即便未被法律禁止用于抵押担保，仍无法作为担保财产。由于村民个人（农户）和本农民集体之间的关系被我国基本经济制度所决定，所

① 相反观点认为，农户的土地承包经营权仍为担保标的，土地经营权仅在担保物权实现时才分离。参见高圣平：《农村土地承包法修改后的承包地法权配置》，《法学研究》2019年第5期。

谓“承包权”应被理解为，农户基于集体经济组织成员的身份能够获得农地承包的资格，其并非民法意义上的权利。鉴于我国实行生产资料（集体土地）的社会主义公有制，故农户“承包权”具有公法色彩，无法用于担保。

三、其他方式承包场合之土地经营权的担保问题

与此同时，公民包括集体经济组织成员以其他方式承包所产生的法律关系性质在《农村土地承包法》中出现了重大变化。由于新《农村土地承包法》中农村村民（承包户）取得的土地承包经营权并非融资担保客体，而只能以土地经营权为融资对象（第47条第1款），依其第53条，以其他方式承包“四荒”土地而取得的权利“……经依法登记取得权属证书的，可以依法采取出租、入股、抵押或者其他方式流转土地经营权”，即此类土地经营权亦可为“抵押”客体。在这种意义上，该“土地经营权”不仅与农户或新型经营主体的土地经营权在设立上存在区别，且融资担保方式也不同：前者为抵押客体，而后者为质押客体（上文已论证）。然而，上述论断并不合理。新《农村土地承包法》第49条对承包“四荒土地”的权利名称的修改，构成对当时仍有效的《物权法》第133条的背离。立法理由谓，其他方式承包类型不涉及社会保障因素，此种权利不同于（农户的）土地承包经营权，[①]故逻辑上的结论是，土地经营权可产生于农户的土地承包经营权，亦可源于集体土地所有权。然而，将那种通过其他承包方式取得的权利称为“土地经营权”，似乎回到了当初制定《农村土地承包法》时的立场：“对其他形式承包的土地实行债权保护”。[②] 但学说倾向于认为，承包农村“四荒”土地所取得的“土地经营权”属于物权关系，对保护承包方更为有利。[③] 事实上，《农

---

① 参见胡可明：《全国人民代表大会宪法和法律委员会关于〈中华人民共和国农村土地承包法修正案（草案）〉修改情况的汇报——2018年10月22日在第十三届全国人民代表大会常务委员会第六次会议上》。

② 参见柳随年：《关于〈中华人民共和国农村土地承包法（草案）〉的说明——2001年6月26日在第九届全国人民代表大会常务委员会第二十二次会议上》，《中华人民共和国全国人民代表大会常务委员会公报》2002年第5期。

③ 陈小君：《土地经营权的性质及其法制实现路径》，《政治与法律》2018年第8期；黄薇主编：《中华人民共和国农村土地承包法释义》，法律出版社2019年版，第220页。

村土地承包法》第 49 条第 1 句将 2009 年《农村土地承包法》第 49 条的“土地承包经营权”改称“土地经营权”，属于逻辑错误，亦有违农地二元承包体制。相应地，长期以来司法实践一直肯定我国农地承包的二元模式。《农村土地承包司法解释》第 3 条正是在认可农地二元承包的基础上，界定承包合同纠纷中的“承包方”含义，它既包括农户，也包括“以其他方式承包农村土地的组织和个人”（第 3 条第 2 款）。

首先难以解释的是，为何仅仅基于承包方主体身份差异（是否为村民），导致均为用益物权的权利类型却名称迥异：家庭承包时承包方取得土地承包经营权，而其他方式承包时承包方取得土地经营权？尽管我国农地二元承包下承包方的两种权利确实存在差异，这在 2009 年《农村土地承包法》中就已经得到体现，具体方式是通过“四荒”土地承包类型，兼顾效率，赋予承包方对农地更为自由的支配权能。尤其表现在，立法明确此种承包的权利人取得土地承包经营权证书后可将土地承包经营权抵押（2009 年《农村土地承包法》第 49 条后半段），但并不存在修法者所认为的“四荒”土地承包所取得的权利“性质上”不同于家庭承包的土地承包经营权。实际上，此二种权利在其形成、结构、内容等方面基本一致，尽管以其他方式承包所取得的权利，基于其市场化属性，确实应区别于因家庭承包取得的土地承包经营权，但这仅局限于形式方面。在本质上，前者仍旧是农地二元承包体制下的（第 3 条第 2 款）、具有用益物权性质的土地承包经营权。另外，从两种承包方式下的权利取得途径来看，“四荒”土地承包的权利取得方式，与家庭承包的土地承包经营权一样，同样应由承包方和发包方签订“承包合同”（第 49 条第 1 句）而非针对土地经营权的“流转合同”（第 40 条第 1 款），故立法者“另起炉灶”将此种权利改称土地经营权的理由难以令人信服。

再者，依本书立场，就体系解释而言，通过其他方式承包取得的权利应为土地承包经营权，而非土地经营权。值得注意的是，位于《农村土地承包法》“总则”章的第 9 条似乎同样适用于其他方式承包，即“四荒”土地承包也同样实行“三权分置”，该条的“承包方”也包括其他方式承包的权利主体（比如新型农业经营主体）。而第 8 条所谓“保护承包方的土地承包经营权”的“承包方”含义，未如“家庭承包”章下的第 16 条第 1 款一样明确规定“家庭承包的承包方”是农户。换言之，文义上，第 8 条和第 9 条的“承包方”含义均涵盖两种承包方式下的承包主体，第 9 条作为贯彻“三权分置”的新增专门条文，似乎也适用于“四荒”土地的承包。然而，上述对第 9 条适用范围的理解并不正确。首先，由于两种承包方式，在制度目的、社会功能等方面存在显著差异，而以其他方式承包的权利本无社会保障目的，承包方不再限于本集体经济组织成员，物权人自可以此设立抵押权或以其他方式流转（第 53 条），若再行分离某一权利，徒增法律关系复杂化。其次，不管从政策文件的历来表述，还是立法者对“三权分置”的说明，① 均可发现承包地“三权分置”只针对家庭承包场合。第 9 条的规范意旨在于实现家庭承包的土地承包经营权和土地经营权分离，坚持和完善农村基本经营制度。因此，应根据规范目的解释其适用范围，即进行目的性限缩：承包地“三权分置”仅适用于家庭承包场合，而不能适用于其他方式承包场合。因此，《农村土地承包法》第 9 条“承包方”的含义范围也较第 8 条窄。第 8 条关于“保护承包方的土地承包经营权”的规定，是在第 3 条已确立之农地二元承包制度意义上而言。换言之，既保护以家庭承包获得土地承包经营权的承包方，也保护通过其他方式承包农村土地的承包方。在这种意义上，承包方（也包括非集体组织成员）以其他方式承包“四荒”土地所取得的权利，应同样解释为物权性的土地承包经营权。

综上，家庭承包场合的土地承包经营权不得设立抵押，但可将由其派生的土地经营权用于质押，以实现融资目的。而在以其他方式承包的场合，承包方对“四荒”土地所取得的权利应同样是土地承包经营权，不宜改称土地经营权，也不实行“三权分置”，承包方可自由将其流转乃至为他人设立抵押权。此种立场既能降低改革成本，也未减损承包地“三权分置”的效果。由于家庭承包下作为债权的土地经营权的融资担保属于质押范畴，使得此种债权质权的实现，需要结合现行法进一步解释。

① 农地“三权分置”改革的“核心问题是家庭承包的承包户在经营方式上发生转变”，胡可明：《全国人民代表大会宪法和法律委员会关于〈中华人民共和国农村土地承包法修正案（草案）〉修改情况的汇报——2018 年 10 月 22 日在第十三届全国人民代表大会常务委员会第六次会议上》。

第三节　土地经营权质权的实现

《农村土地承包法》的修法者认为："鉴于实践中抵押担保融资的情况复杂，操作方式多样，加之各方面对土地经营权的性质认识分歧较大，草案使用了'融资担保'的概念，包含了抵押和质押等多种情形，既解决农民向金融机构融资缺少有效担保物的问题，又保持了与担保法等法律规定的一致性。"① 修正后的《农村土地承包法》第 47 条第 1 款后半段据此规定，受让方取得的土地经营权可向金融机构融资担保。对于担保物权实现，该条第 3 款规定债权人"有权就土地经营权优先受偿"，尽管其旨在与现行法的担保物权制度衔接，但土地经营权融资担保如何实现，仍需明确。如上所述，土地经营权属于债权，故《农村土地承包法》第 47 条的土地经营权融资担保是指土地经营权质权。下文将讨论土地经营权质权实现时，对既有模式的适用和具体方式的选择。

一、土地经营权质权实现的模式

近来有观点认为，由于债权质权以一般债权为客体，② 而"债权"本身的实现原则上依赖于第三人的给付（行为），故应将债权质（权）的性质界定为"债权"，而非物权。③ 那么，"债权质押"的性质一定就是担保物权吗？《担保法》施行后《物权法》颁布前，肯定观点认为，《担保法》未明确排除一般债权作为权利质权标的，故原则上应认可债权质押属担保物权。④ 而

① 刘振伟：《关于〈中华人民共和国农村土地承包法修正案（草案）〉的说明——2017 年 10 月 31 日在第十二届全国人大常委会第三十次会议上》。

② 除非特别说明，作者使用狭义上的"债权质权"，即一般债权质权，不包括有价证券质权或其他财产权利质权。

③ 参见唐勇：《债权质权：物债二分体系下的"骑墙者"》，《中外法学》2013 年第 6 期。

④ 参见郭明瑞、房绍坤：《担保法原理与实务》，中国方正出版社 1995 年版，第 285 页，转引自刘迎生：《权利质权设定的若干问题》，《中外法学》1998 年第 2 期。类似观点认为，一般债权作为质权标的，与动产无异，只要交付债权证书并通知债务人，便可达到债权质权公示之目的。参见张巧雯：《论一般债权质权》，《政法论丛》2003 年第 1 期。

原《担保法》第75条第1项肯定证券债权可作为权利质权标的，而未着笔墨于普通债权，实因证券债权能够摆脱普通债权所具有的设质范围狭窄、公示性较弱等弊端。[①] 否定观点认为，普通债权质权无法兼顾其本身的物权性与作为质权标的的债权之间的矛盾，应限制其作为担保物权。[②] 事实上，将一般债权质押定位为担保物权，最大质疑在于将会使法律关系复杂化。依担保物权原理，质权实现之时，债权人可获得质物的价值权，以优先满足其对债权的清偿。在以一个债权担保另一个债权之时，二者履行期届至时间可能不一致。若设质债权的履行期届至在先，由于债务人能否清偿债务尚不可知，债权人通常不能要求实现担保物权。尤其在第三债务人向出质人（质押债务人）履行债务时，会产生清偿的效果，此时，债权质权用于担保的目的似难达到。另一方面，若设质债权所担保的债权的履行期先行届至，由于设质债权尚属未来债权，质权人也无法直接要求第三债务人向自己履行,[③] 否则会突破债权相对性原理。然而，时至今日，此种争论的价值已减弱。如上所述，"债权质押"（债权担保）定性问题，与对权利质权标的范围的理解以及实在法确立的担保物权体系有关。那么，以土地经营权设立质押，该担保物权实现时是否能够依照现行法上质权实现的模式呢？

从《农村土地承包法》第47条第3款文义无法判断如何实现土地经营权质权，尤其是质权人与出质人的债务人之间的关系。以土地经营权设质时，基于土地经营权质权标的，即该债权本身的特殊性，土地经营权质权实现具有不同于动产质权的特点。以协议方式实现该质权时，《民法典》第436条第2款所谓以质押财产折价或以拍卖、变卖质物所得价款优先清偿的模式，难以直接适用。首先，设质债权独立于出质人的其他责任财产，质权人可对其享有优先受偿权，取得优于出质人的其他债权人的法律地位。那么，实现债权质权时，质权人可否要求第三人（出质人的债务人）直接向自己履行，以实现优先受偿的目的？事实上，债权质权实现时，通常不产生质权人直接

① 参见刘迎生：《权利质权设定的若干问题》，《中外法学》1998年第2期。

② 参见宁宁：《对一般债权质押的质疑》，《当代法学》2003年第11期。

③ 参见刘保玉、吕文江主编：《债权担保制度研究》，中国民主法制出版社2000年版，第427页，转引自张巧雯《论一般债权质权》，《政法论丛》2003年第1期。

取得设质债权的效果，若要求出质人的债务人对出质人的债务清偿负连带责任，[①] 看似保护了债权人，但有违债权相对性。所以，土地经营权质押也不能使质权人（设质债权人）直接取得土地经营权，尤其是在《农村土地承包法》将担保债权人限定为金融机构之时。依 2015 年修正的《中华人民共和国商业银行法》第 3 条，金融机构的经营范围被严格限定，其不得在承包地上从事生产经营活动，从而，即便作为金融机构的质权人愿意接受土地经营权作为担保财产，也无法从事农地投资经营活动。其次，在债权质押场合，质权人不能要求出质人的债务人向自己履行，所以，关于质权人无法直接取得设质债权的结论，还能从动产质权实现的效力中予以推断得出。在动产质权实现时，质权人可以但并非当然成为质物的权利人，双方当事人也可以协议以该动产质物折价或以质物拍卖或变卖所得价款优先受偿。那么，在债权质权实现时，法律并非允许质权人直接向出质人的债务人提出履行债务请求。准此，土地经营权以对承包地的农业生产经营为内容，在解释上，就土地经营权质权的实现，需要对现行法既有质权实现方式进行更新。

二、土地经营权质权实现的具体方式

从我国司法实践来看，2015 年前后，农地“三权分置”改革进程中，试点地区法院径直以政策文件提到的担保名称，指涉土地经营权质押。在中国裁判文书网上，以“土地承包经营权抵押”为关键词、以江苏省的民事判决书为限定词进行搜索发现，2015 年至 2019 年间，在以“土地承包经营权/承包经营权”为担保财产的案件中，对于如何实现该担保物权，各地做法并不一致。有的法院并未考虑“折价”方式，只判决债权人对“600 亩土地承包

① 参见陈本寒、黄念：《一般债权质押问题之探讨——兼评我国〈物权法〉（草案）相关条款之规定》，《法学评论》2006 年第 4 期。

经营权……拍卖或变卖的价款享有优先受偿权”,[①] 有的法院判决以出质人的土地承包经营权收益优先受偿，即以收益作为清偿债务的担保。[②] 而在以“土地经营权”为抵押物时，有法院完全遵循《物权法》第 219 条（《民法典》第 436 条）动产质权的实现规则，判决债权人“有权以位于如皋市的土地经营权……依法折价或者以拍卖、变卖该抵押财产所得的价款优先受偿”。[③] 上述判决揭示出，即便试点地区在解禁承包经营权不得抵押之后，对于如何操作土地承包经营权担保，司法实践仍缺乏相对统一标准。核心的问题有：债务担保的范围仅及于承包经营权拍卖、变卖的价款，还是也针对经营权收益?

事实上，土地经营权质权实现的具体方式，需结合质权实现原理和实践经验确定。依新《农村土地承包法》第 47 条第 2 款，土地经营权质权设立采意思主义，未经登记不得对抗善意第三人，而质权实现时，债权人“有权就土地经营权优先受偿”（第 3 款）。此种含糊的规定仅表明土地经营权质权可因融资担保合同（流转协议）生效而当然产生，并未涉及债权人可以何种方式优先受偿。更为严重的弊端在于，《农村土地承包法》仍旧单纯以物权关系思维处理债权担保，在司法领域中，物权法“借道”于合同法，或二者“相互借道”的现象[④]就不可避免，体系弊端明显。从而，只能根据《民法典》第 446 条关于权利质权可适用动产质权的准用条款，在土地经营权质权实现时，适用《民法典》第 436 条第 2 款，即当事人可协议以土地经营权折价，也可以就其拍卖或变卖所得价款优先受偿。这与抵押权的协议实现方式

---

① 江苏省如皋市人民法院（2017）苏 0682 民初 4955 号民事判决书：2015 年 2 月 11 日，如皋市农村产权交易服务中心对土地承包经营权抵押办理了抵押登记，土地经营他项权利人为江苏如皋农村商业银行股份有限公司，土地经营权人为百代兰花公司。可见，该判决书以办理抵押登记作为抵押权成立要件。事实上，2015 年 12 月 27 日全国人民代表大会常务委员会授权承包土地的经营权抵押试点地区中，江苏如皋位列其中。换言之，上述判决应当允许集体所有的土地使用权，即承包土地的经营权作为抵押财产。

② 江苏省泗洪县人民法院（2018）苏 1324 民初 3299 号民事判决书。该抵押权于 2016 年 12 月设立，由于江苏泗洪也是试点县，于法有据。而债权人“有权对被告提供抵押的位于……罗岗村的土地承包经营权收益在 120 万元债权范围内优先受偿”。

③ 江苏省如皋市人民法院（2018）苏 0682 民初 8829 号民事判决书。

④ 对此现象的进一步分析，参见李宇：《民法典中债权让与和债权质押规范的统合》，《法学研究》2019 年第 1 期，第 59 页及以下。

（《民法典》第 410 条第 1 款）并无差异。理论上，似乎应允许当事人协议就作为债权的土地经营权“折价”，以使债权人优先受偿，因为“折价”符合意思自治，也未违反“禁止流质”条款（《民法典》第 428 条）。[①] 准此，动产质权实现意义上的折价形式从“以物偿债”（实际为以担保财产的价值抵偿债务）实质上扩展为“以债偿债”，即在土地经营权质权实现时，“折价”方式本质上将导致债权转让。[②]

然而，动产质权的“折价”方式并不当然适用于土地经营权质权的实现。原《物权法》、新《农村土地承包法》均局限于规范债权质权的对内效力，即担保物权人可就土地经营权优先受偿，却未涉及债权质权对第三人的效力（对外效力）。在此，不能径直适用普通物权的对世效力予以解释。相反，在既有法区分质押合同效力和质权设立的背景下（《民法典》物权编第 427、429 条），人们应当求助于合同法。最新有力观点认为，应从体系上统一合同法债权让与和债权质押规则，包括统一对内效力与对债务人效力，就实行债权质权设定特别规则。[③] 就债权质押而言，其需注重者，毋宁在于构建统一的债权质权的效力规则，并消除因法律规范之体系位置的不同而造成的法律漏洞。《意大利民法典》将债权质权对第三人的效力规则置于第四编第一章“债的一般规则”当中。一方面，债权转让无需债务人同意即可生效（第 1260 条）；另一方面，将债权多重转让对第三人效力规则（第 1265 条第 1 款）适用于债权质押（第 1265 条第 2 款）。设立债权质权时，应向出质债权的债务人作出转让通知，或被其以载明时间的书面形式予以接受，始可就该设质债权主张优先受偿（第 2800 条）。[④] 否则，质权人（债权人）虽在名义上取得设质债权却无法要求前者履行，而仅产生债之效力，以此解决物债

① 流质多被禁止，但法国是例外，在其担保制度修改后，允许流质条款的存在，但设置了一些限制条件，李世刚：《法国担保法改革》，法律出版社 2011 年版，第 86 页。

② 关于债权转让中受让人取得的权利范围，参见朱虎：《债权转让中的受让人地位保障：民法典规则的体系整合》，《法学家》2020 年第 4 期。

③ 参见李宇：《民法典中债权让与和债权质押规范的统合》，《法学研究》2019 年第 1 期。不同观点认为，应区别普通债权质权和应收账款质权，用特别法对后者进行调整。参见刘平：《去存法典化：应收账款质权之路径反思与制度重塑》，《交大法学》2018 年第 4 期。

④ Cfr. , A. Trabucchi, cit. , p. 796.

之间的衔接问题。依《意大利民法典》第2804条，设质债权届期时，若以非金钱财产为标的，则质权人有权要求以质物偿债（即“转让被设质的债权”[assegnazione del credito dato in pegno]，第2798条）或变卖质物，[①] 准用动产质权的实现模式。而《德国民法典》则在动产质权之后规定权利质权，将债权质权置于后者范畴当中，并以债权人“通知”次债务人作为债权质权生效的要件（《德国民法典》第1280条）。[②]

《农村土地承包法》修正后，农地融资担保模式已全然异于原有农地利用模式中单纯的土地承包经营权担保，而既有法缺乏债权质权实行的一般规定，构成法律漏洞。由于土地经营权以占有、收益承包地为内容（《农村土地承包法》第37条），出质人的利益需通过对承包地的实际耕作、利用才能获得，不同于以付款请求权或金钱债权为内容的应收账款（中国人民银行2019年修订的《应收账款质押登记办法》第2条），故土地经营权质权实现不同于应收账款质权。并且，土地经营权质权实现也与不动产（比如城镇房屋）抵押权差异较大，特别表现为前者配套的机制极不完善，[③] 例如对土地经营权的价值评估还处在探索阶段。

可见，应当确立土地经营权质权实现的特别规则。一方面，解释上，以协议“折价”作为土地经营权质押的实现方式，并不能使被担保债务得到直接清偿，相反，应适用债权让与规则，经由通知而对债务人产生效力。债权质权实现并非当然就是债权转让（《民法典》第546条第1款），第三债务人没有义务直接向质权人给付，即便允许当事人协议以“折价”方式实现质权，也应在债权让与通知到达时始对债务人产生效力[④]。未通知债务人债权

---

① Cfr., F. Gazzoni, Manuale di diritto privato, 15° ed., Napoli, 2011, p. 667.

② 参见［德］鲍尔、施蒂尔纳：《德国物权法》（下册），申卫星、王洪亮译，法律出版社2006年版，第642页。

③ 截至2018年6月末，试点地区中有217个建立了农村产权流转交易平台，交易金额合计348亿元，其中主要是土地经营权流转，但有关配套措施仍亟需跟进。参见韩长赋：《中国农村土地制度改革——2018年12月4日在农业农村部农村改革40年专题会上的报告》。

④ 此为让与主义，参见徐涤宇：《〈合同法〉第80条（债权让与通知）评注》，《法学家》2019年第1期。现行法上债权让与无需公示即可生效，而债权质押不生债权移转效果反而要求登记始生效力，构成法体系违反。参见李宇：《民法典中债权让与和债权质押规范的统合》，《法学研究》2019年第1期。

让与事实，不影响债权质权的设立。善意债务人不知债权让与事实而仍给付，并不构成表见清偿，[①] 因为此时若赋予质权人基于不当得利之债请求出质人返还的权利，则有悖于债权质押的担保功能（其与出质人的其他债权人处于平等受偿的地位）。

另一方面，债权人就拍卖或变卖质押财产（设质土地经营权）的价款优先受偿的实现方式（《民法典》第436条），也难以完全适用于土地经营权质权。如上所述，作为债权的土地经营权内容在于经营农地并获取收益，不完全等同于一般的金钱给付请求权，因此土地经营权实现时，拍卖或变卖土地经营权的价款应优先用于清偿被担保的债权，特别地，在承包地上存在农作物时，优先受偿的范围还应指向该承包地上产生的可能收益。由于我国实行土地用途管制制度（《土地管理法》第4条第1款），为确保“农地农用”，必须坚决遏制耕地“非农化”、防止“非粮化”，在实现土地经营权质权时，以承包地可能获得的收益（如后手受让方所给付的租金等）用于优先清偿债权人，也应当是土地经营权质权实现的有效方式。学说上有认为，允许质权人将土地经营权转让或出租给他人，或由特定融资平台（如农村产权交易中心）进行强制管理，[②] 交由其他主体经营，以其变卖价款或出租获得的收益清偿债务，当为理想选择。

同时，承包地“三权分置”改革以来，地方政府不断探索创新土地经营权质权的实现方式。重庆市的抵押处置创新措施包括“整合出租、挂牌转让、再流转等处置方式”，并允许民间资本“以收购、承租、再流转、综合经营等合法形式参与经营不善的农村承包土地经营权处置业务”[③] 山东地区的试点经验表明，[④] 担保物处置常采用转租的方式。云南昆明则提出，抵押权人只能以处置用于抵押的土地承包经营权之价款优先受偿，且以流转协议

---

① 反对观点，参见庄加园：《〈合同法〉第79条（债权让与）评注》，《法学家》2017年第3期。

② 参见房绍坤：《论土地承包经营权抵押的制度构建》，《法学家》2014年第2期。

③ 重庆市人民政府办公厅2016年5月15日公布的《重庆市承包土地的经营权和农民住房财产权抵押贷款试点工作方案》（渝府办〔2016〕9号）之“二、完善配套服务体系”。

④ 参见张雯：《农村“两权”抵押贷款试点全面启动抵押物处置机制难题待破》，载每经网，http：//www. nbd. com. cn/articles/2015 -08 -24/940772. html，2018年12月6日最后访问。

期间为限。①《“两权”抵押意见》提出银行业金融机构可采用多种方式处置抵押物之规定，以创新土地经营权担保质权之实现方式，实属适宜之举。中国人民银行、财政部等部门2016年3月印发的《农村承包土地的经营权抵押贷款试点暂行办法》第15条规定，可以“贷款重组、按序清偿、协议转让、交易平台挂牌再流转等方式处置抵押物，抵押物处置收益应由贷款人优先清偿”，或如试点地区实践一样，“针对农地抵押，各地探索形成了贷前抵押物‘预处置’、第三方回购、多方合作共同处置等模式。统筹解决抵押变现等问题”，并以设立政府性担保公司等方式分担金融机构可能遭遇的贷款风险。②总之，囿于目前农村信贷机制的不完善，土地经营权质权之实现，不能完全准用动产质权实现方式，以土地经营权为载体的农地融资仍将在探索中前进。

第四节　小结

如何认识“土地经营权”之性质是我国农地“三权分置”改革的关键。这对于理解我国农地融资担保体系同样具有重要作用，尤其表现在需要实现土地经营权担保之时。土地经营权用于融资担保，非属抵押范畴，而只能成立债权质押。在农地二元承包体制下，通过其他方式承包所获得的权利仅在形式上异于家庭承包场合的土地承包经营权，二者本质上同属针对农村土地的用益物权，故维持前者原有的土地承包经营权名称较为合理。解释上，我国农地融资担保形成了家庭承包场合的土地经营权质押和其他方式承包场合的土地承包经营权抵押两种类型。在担保物权设立上，后一担保类型异于《农村土地承包法》第47条第1款，即不以特定抵押权人（金融机构）的范围为限，一般的自然人和法人均无不可，其实现时可直接适用抵押权实现规

① 2011年12月1日发布的《昆明市农村土地承包经营权抵押融资管理办法（试行）》第24、25条。

② 参见陆昊：《国务院关于全国农村承包土地的经营权和农民住房财产权抵押贷款试点情况的总结报告——2018年12月23日在第十三届全国人民代表大会常委会第七次会议上》，载中国人大网，http://www.npc.gov.cn/npc/c12435/201812/2067ecc784a8437cbe8780a32bcf48ac.shtml，2019年4月1日最后访问。

则。由于既有法未明确普通债权可否设质，更未涉及债权质权的对外效力，实在法应从债权融资角度整合债权质押和债权让与的有关规则，并明确农地融资背景下土地经营权质权实现的具体方式。

我国农村土地承包经营制度在 2018 年迎来巨大调整和改变。这是经济社会变革的必然结果，是顺应时代需求的正确做法，也是社会主义市场经济发展的内在要求。《农村土地承包法》及时完成修改，新增土地经营权，允许农户将承包地交由他人经营而自己仍维持土地承包经营权人身份，能够进一步解放农村土地上的生产力，推进农村土地资源优化配置，也能为实现乡村振兴提供更有力的制度保障。虽可以理解为“旧瓶装新酒”，但在新发展阶段将给农地承包和农业产业规模化、现代化带来全新的契机。

第五章　农村宅基地“三权分置”的权利配置

第一节　问题的提出

经第三次修正、自2020年元旦实施的新《土地管理法》对农村集体土地征收和集体经营性建设用地入市进行重大调整，比如新增集体经营性建设用地的出让或出租（《土地管理法》第64条），但却未涉及宅基地使用权的一般规则。与之形成对比的是，我国农村宅基地制度改革已持续经年。根据2015年8月启动的农村宅基地制度改革试点情况，我国农村土地改革试点的重要内容之一，就是探索宅基地使用权取得和使用的新方式新途径。截至2018年12月底，宅基地改革试点地区在腾退闲置宅基地方面取得进步，农房抵押贷款显著增长。[1] 为完善农村集体产权制度，应对农村宅基地（农房）

---

* 本章部分内容刊于《私法研究》第27卷，这里呈现的是完整内容。

① 参见陆昊：《国务院关于农村土地征收、集体经营性建设用地使用权入市、宅基地制度改革试点情况的总结报告——2018年12月23日在第十三届全国人民代表大会常务委员会第七次会议上》，该报告指出，33个试点县（市、区）腾退零星、闲置的宅基地约14万户、8.4万亩，办理农房抵押贷款5.8万宗、111亿元。与此同时，《国务院关于全国农村承包土地的经营权和农民住房财产权抵押贷款试点情况的总结报告——2018年12月23日在第十三届全国人民代表大会常务委员会第七次会议上》指出，“两权”抵押贷款取得积极成效，通过“两权”抵押贷款，新型农业经营主体融资可得性明显提升，对普通农户的带动作用持续增强。湖南省启动试点以来，“两权”抵押贷款已累计支持全省近3万个农业经营主体。2019年的中央一号文件则强调农村宅基地制度改革需要“丰富试点内容”。

闲置及其财产功能偏弱的问题，在前期已经实施的农村宅基地制度改革基础上，2018 年中央一号文件《中共中央、国务院关于实施乡村振兴战略的意见》要求：“探索宅基地所有权、资格权、使用权‘三权分置’，落实宅基地集体所有权，保障宅基地农户资格权和农民房屋财产权，适度放活宅基地和农民房屋使用权，不得违规违法买卖宅基地”，在官方层面首次提出了农村宅基地所有权、资格权和使用权“三权分置”的改革思路。2019 年 9 月 11 日，中央农村工作领导小组办公室、农业农村部联合发布的《关于进一步加强农村宅基地管理的通知》（以下简称《宅基地管理的通知》）一方面提出“鼓励……盘活利用闲置宅基地和闲置住宅，通过自主经营、合作经营、委托经营等方式，依法依规发展农家乐、民宿、乡村旅游等”“鼓励农村村民在本集体经济组织内部向符合宅基地申请条件的农户转让宅基地”，另一方面强调“要充分保障宅基地农户资格权……。宅基地是农村村民的基本居住保障，严禁城镇居民到农村购买宅基地”。上述政策出台的一个背景是，就法律层面而言，原《物权法》“宅基地使用权”章的稀疏条文，已难以应对新时期农村宅基地上产生的法律纠纷。

然而，与宅基地制度改革同步进行的民法典编纂，囿于一些客观的历史原因，基本上没有系统地规范宅基地利用的意图。鉴于农村土地改革仍在推进，2019 年 11 月立法机关公布的《民法典物权编（草案）》尽管仍将“宅基地使用权”置于“用益物权”部分，但实质上未触及其一般规则，比如并未规定宅基地使用权如何设立。事实上，由于农村宅基地改革牵涉面广，影响因素复杂，国务院分别于 2017 年和 2018 年两次向全国人大常委会提请将包括农村土地征收、集体经营性建设用地入市、农村宅基地改革在内的试点期限进行延长，[①] 根据全国人大常委会的有关决定，试点截止时间为 2019 年

① 参见陆昊：《关于提请审议〈关于再次延长授权国务院在北京市大兴区等三十三个试点县（市、区）行政区域暂时调整实施有关法律规定期限的决定（草案）〉的说明——2018 年 12 月 23 日在第十三届全国人民代表大会常务委员会第七次会议上》。

12月31日。[1] 但是，2019年底，国内遭遇突如其来的新型冠状病毒肺炎（Cov－19）重大疫情极其严重影响了社会生产生活。既有立法计划被打乱，原定于2020年3月5日召开的第十三届全国人民代表大会第三次会议也被迫推迟到当年的5月22日。[2]

因此，从技术层面来说，由于立法机关（全国人民代表大会及其常委会）没有进一步的立法调整决定，从2020年1月1日开始，三十三个宅基地改革试点地区应当重新恢复适用《物权法》《城市房地产管理法》有关规定。然而，进入2020年之后中央仍在继续部署农村宅基地制度改革。

2020年6月30日，中央全面深化改革委员会第十四次会议审议通过的《深化农村宅基地制度改革试点方案》指出："积极探索落实宅基地集体所有权、保障宅基地农户资格权和农民房屋财产权、适度放活宅基地和农民房屋使用权的具体路径和办法。"这标志着农村宅基地改革在全国人大授权期限结束后并未停止，而新一轮的宅基地制度改革即将开始。2020年9月29日，全国深化农村宅基地制度改革试点电视电话会议召开，强调稳慎做好深化农

---

① 《全国人民代表大会常务委员会关于延长授权国务院在北京市大兴区等三十三个试点县（市、区）行政区域暂时调整实施有关法律规定期限的决定》（2018年12月29日第十三届全国人民代表大会常务委员会第七次会议通过），载中国人大网，http：//www.gov.cn/xinwen/2018－12/30/content_5353505.htm，2020年12月29日最后访问。全国人民代表大会常务委员会于2017年12月27日和2018年12月29日分别发布《关于延长授权国务院在北京市大兴区等二百三十二个试点县（市、区）、天津市蓟州区等五十九个试点县（市、区）行政区域分别暂时调整实施有关法律规定期限的决定》《全国人民代表大会常务委员会关于延长授权国务院在北京市大兴区等三十三个试点县（市、区）行政区域暂时调整实施有关法律规定期限的决定》，最终将农村土地征收、集体经营性建设用地入市、宅基地管理制度改革试点期限延长至2019年12月31日，载中国政府网，http：//www.gov.cn/xinwen/2018－12/30/content_5353505.htm，2022年4月20日最后访问。

② 参见2020年4月29日第十三届全国人民代表大会常务委员会第十七次会议通过的《全国人民代表大会常务委员会关于第十三届全国人民代表大会第三次会议召开时间的决定》，载中国人大网，http：//www.npc.gov.cn/npc/c30834/202004/996e6daa07834eee9c46f9711da0d9b4.shtml，2021年4月30日最后访问；2020年2月24日第十三届全国人民代表大会常务委员会第十六次会议通过的《全国人民代表大会常务委员会关于推迟召开第十三届全国人民代表大会第三次会议的决定》，载新华网，http：//www.xinhuanet.com/politics/2020－02/24/c_1125620777.htm，2021年4月30日最后访问。沈春耀：《关于〈全国人民代表大会常务委员会关于推迟召开第十三届全国人民代表大会第三次会议的决定（草案）〉的说明——2020年2月24日在第十三届全国人民代表大会常务委员会第十六次会议上》。

村宅基地制度改革试点各项工作。① 2021 年 2 月 21 日发布的中央一号文件《中共中央 国务院关于全面推进乡村振兴加快农业农村现代化的意见》则基于 2020 年 10 月已经再次开启的新一轮宅基地制度改革部署，② 继续强调“稳慎推进农村宅基地制度改革试点，探索宅基地所有权、资格权、使用权分置有效实现形式”，保障进城落户农民的宅基地使用权，研究制定依法自愿有偿转让的具体办法。中央农办主任、农业农村部部长唐仁健在 2021 年中央一号文件发布的次日接受新华社采访时即指出，农村的承包地和宅基地“不可能像一般的财产可以随意让渡和处置”。③ 与此同时，农业农村部负责人 2021 年 2 月 22 日在国务院新闻办发布会上透露，2020 年中央农办、农业农村部会同有关部门，在全国 104 个县市区和 3 个地级市启动了新一轮农村宅基地制度改革试点。试点的核心是探索宅基地所有权、资格权、使用权分置实现形式。同时，不能以各种名义强制农民退出宅基地和强迫农民“上楼”。④

中央文件不断重申宅基地的社会保障功能，并就宅基地利用提出新的改

① 国务院副总理、中央农村工作领导小组组长胡春华 2020 年 9 月 29 日指出，农村宅基地制度改革事关亿万农民切身利益和社会稳定大局，影响因素错综复杂，需要进行长期探索才能建立起新的制度框架，决不能急躁冒进、急于求成。参见《胡春华强调稳慎推进农村宅基地制度改革试点》，载新华网，http：//www. xinhuanet. com/politics/leaders/2020 – 09/29/c_ 1126559970. htm，2021 年 4 月 30 日最后访问。

② 农业农村部 2020 年 8 月 28 日表示，当前我国正围绕宅基地“三权分置”继续进行探索，并在原有 33 个试点地区的基础上扩大试点范围。参见农业农村部：“对十三届全国人大三次会议第 1064 号建议的答复摘要”，载农业农村部网，http：//www. moa. gov. cn/govpublic/NCJJTZ/202008/t20200828_ 6351102. htm，2021 年 4 月 22 日最后访问。参见邵海鹏：《乡村振兴要优化土地配置，新一轮土改探索宅基地“三权分置”》，载“第一财经”微信公众号 2021 年 3 月 11 日推送文章，2021 年 4 月 20 日最后访问。

③ 参见赵承、董峻、于文静：《以全面推进乡村振兴促进中华民族伟大复兴——访中央农办主任、农业农村部部长唐仁健》，载新华网，http：//www. xinhuanet. com/politics/zywj/2021 – 02/22/c_ 1127122500. htm，2021 年 4 月 30 日最后访问。唐仁健还指出新一轮的农村改革需要处理好两个方面问题：一是巩固和完善农村基本经营制度。突出抓好家庭农场和农民合作社两类经营主体，鼓励发展多种形式适度规模经营，壮大农业专业化社会化服务组织，把小农户引入现代农业发展轨道。二是稳慎推进新一轮宅基地制度改革试点。

④ 参见《农业农村部：严禁城里人利用农村宅基地建别墅会馆》，载中国新闻网，https：//backend. chinanews. com/gn/2021/02 – 22/9416333. shtml，2021 年 4 月 30 日最后访问。

革要求,[①] 但如何贯彻农村宅基地“三权分置”政策，盘活利用闲置宅基地（农房），在法体系层面仍需谨慎检讨。2020 年 5 月 28 日，《民法典》颁布后，我国农村宅基地制度改革需要解决的问题有：第一，如何鉴定非本集体成员因继承房屋或异地移民安置等占有宅基地的权利。第二，如何解决宅基地（农房）闲置问题，有效实现农村土地的财产功能。比如村民可否就宅基地使用权（与农房一起）为第三人设定权利，其性质是什么，它与村民的宅基地使用权之间的关系如何（涉及“三权分置”的具体形式）。第三，《土地管理法》和《民法典》物权编关于宅基地使用权的分工协作问题，即二者所规范的内容是否应区分、如何区分。前两个问题可理解为宅基地利用的规范（实质）方面，第三个问题则涉及体系（形式）方面。

第二节　宅基地“超标占用”及其应对

我国农村宅基地制度的形成原因实则基于集体经济组织内部实行土地集体所有的宪法规定，农民集体有义务确保集体经济组织成员可以申请分配宅基地用于建房自住。在这种意义上，那种国家将土地划归集体，集体再将土地的使用权分配给农户家庭用于满足居住保障的观点,[②] 并不符合我国农村宅基地使用权的形成历史。

新中国成立后，我国农村一直实行向农村村民无偿分配宅基地的做法，用于解决居住需求。和农村承包地利用一样，在 1978 年改革开放之前，是否以及如何区分私法意义上的宅基地使用权和农村住房建设管理，仍处于政策主导阶段，民法规范并未发挥作用。1986 年 4 月 12 日第六届全国人民代表

① 农业农村部 2020 年 9 月 7 日发布的《对十三届全国人大三次会议第 5550 号建议的答复摘要》称，在新一轮宅基地改革试点地区中，将继续探索宅基地利用的具体制度和途径。新一轮改革试点期限截至 2022 年 12 月 31 日，参见央视网：《解读中央一号文件宅基地制度改革坚守三条底线》，载央视网，https://sannong.cctv.com/2021/02/23/ARTICXt1xOQrwwrwIAyPq9Df210223.shtml，2021 年 6 月 23 日最后访问。

② 参见张永辉：《宅基地使用权制度研究——以新型城镇化为视角》，法律出版社 2021 年版，第 138 页以下。

大会第四次会议才审议通过的《民法通则》只在第 74 条第 2 款简单地规定：“集体所有的土地依照法律属于村农民集体所有，由村农业生产合作社等农业集体经济组织或者村民委员会管理。”原《民法通则》囿于当时的历史和社会原因只知“所有权”关系，而不知其他：除此之外的“集体所有的土地的承包经营权”等权利类型，只能称为“与财产所有权有关的财产权”（第五章第一节节名），以与“财产所有权”相对应。在 2007 年原《物权法》实施之前，在私法体系层面并无物权意义上的宅基地使用权，对农村村民利用宅基地建房的行为及其规制，主要通过行政（管理）法进行调整：事实上，1988 年修正的《土地管理法》才首次规定农村村民建房占用宅基地的面积，应当符合省级地方政府的强制标准。

根据新《土地管理法》规定的土地利用的不同方式，可将农村建设用地分为集体经营性建设用地和集体非经营性建设用地，后者又可分为公共设施、公益性建设用地（《土地管理法》第 4 条第 3 款、第 61 条）和用于解决村民建房需求的宅基地（《土地管理法》第 62 条）。《民法典》第 362 条沿用原《物权法》的规定，并继续规定：“宅基地使用权人依法对集体所有的土地享有占有和使用的权利，有权依法利用该土地建造住宅及其附属设施。”据此，宅基地使用权旨在利用农村集体土地“建造住宅及其附属设施”，属特殊的建设用地使用权。这种判断是因为它旨在满足村民建房需要，从而与针对“国家所有的土地”建造建筑物、所形成的（狭义上）建设用地使用权（《民法典》第 344 条），不存在本质区别。这种结论还能从农村宅基地制度恰恰处在《土地管理法》“建设用地”章的编排，得到验证。当然，我国农村宅基地仍有独特之处。依学界通说，作为我国独有的用益物权类型，宅基地使用权的特殊性表现为：其一，宅基地使用权人只能为本集体经济组织成员，其身份性和封闭性明显；① 其二，通常在农民集体所有的土地上设立，并因其居住保障功能，具有无偿性。② 农村宅基地制度对于解决农民住房问

---

① 参见韩松：《宅基地立法政策与宅基地使用权制度改革》，《法学研究》2019 年第 6 期，第 77、91 页；宋志红：《乡村振兴背景下宅基地权利制度重构》，《法学研究》2019 年第 3 期，第 74 页。

② 参见陈小君：《宅基地使用权的制度困境与破解之维》，《法学研究》2019 年第 3 期，第 59 页；高圣平：《宅基地制度改革政策的演进与走向》，《中国人民大学学报》2019 年第 1 期，第 28 页。

题、稳定农村社会发挥了巨大作用，但随着我国城镇化推进和城乡二元机制的松动，农村宅基地利用在实践中面临一些突出问题，[①] 亟需作出法律回应。一方面“房地分离”原则使城镇非农业户口等非集体成员可基于继承房屋所有权等原因，当然取得本集体宅基地的占有；另一方面，20 世纪 80 年代以来《土地管理法》确立的“一户一宅”制度面临挑战，“超标占用”宅基地的情况不在少数。[②]

一、宅基地使用权身份性的冲击：非集体成员占有宅基地

与原《物权法》一样，《民法典》物权编虽未明确“宅基地使用权人”限于农村村民，但《土地管理法》上关于村民以户为单位才能申请宅基地建造住宅（即“一户一宅”原则，第 62 条第 1 款）的规定表明，宅基地使用权原则上只能由本集体经济组织成员取得，非集体成员不能申请分配宅基地。根据《民法典》第 260、261 条第 1 款关于集体土地归“本集体成员集体所有”的规定，农村宅基地只能分配给本村村民用于建房，应属题中之义。宅基地使用权的原始取得方式单一而封闭，非本集体成员自然无法获得分配建房用地的资格，不能在农村建造房屋。长期以来，我国农村各个村集体之间的宅基地分配和使用实行内部原则，壁垒森严，无法实现跨越。但实践中存在的突出问题是：村集体之内，村民能否转让宅基地使用权，或者通过名义上房屋转让的形式达到转让宅基地的目的呢？原《物权法》立法者也曾在“房地一体”层面考虑宅基地使用权转让问题，并意图维持其身份限制。2005 年公布的《物权法（草案）》第 162 条第 1 款曾规定：“宅基地使用权人经本集体同意，可以将建造的住房转让给本集体内符合宅基地使用权分配条件的农户；住房转让时，宅基地使用权一并转让。”但在 2007 年最终颁布的《物权法》中此种规定被删除。在物权法时代，上述问题则主要交由审判实

① 自然资源部 2019 年 7 月 31 日公布的《关于政协十三届全国委员会第二次会议第 3300 号（资源环境类 186 号）提案答复的函（摘要）》明确指出，农村宅基地利用存在“一户多宅、超标准建房普遍存在、闲置浪费严重、缺乏有效退出机制”等问题。

② 事实上，“一户多宅”、宅基地“超过法定面积”均属村民建房用地超过《土地管理法》规定的标准。前者表现在地块数量上，后者是在具体占用面积上，故本书将二者统称“超标占用”宅基地。

践进行调整，后者主要通过合同法关于房屋或宅基地买卖协议效力的规则，进行裁判。

与此同时，我国历来在行政管理上严格控制宅基地利用及农村建房。主要表现为强调仅农村村民才能申请分配宅基地用于建房、禁止城镇居民购买宅基地使用权、禁止给因买卖房屋而占有宅基地的城镇居民颁发土地使用证等。比如，原国土资源部2004年颁布的《关于加强农村宅基地管理的意见》强调，严禁为在农村购买和违法建造住宅的城镇居民办理土地使用证。国务院办公厅2008年1月发布的《关于严格执行有关农村集体建设用地法律和政策的通知》（国办发〔2007〕71号）强调：“农村住宅用地只能分配给本村村民，城镇居民不得到农村购买宅基地、农民住宅……。”原国土资源部、财政部等部门发布的《关于加快推进农村集体土地确权登记发证工作的通知》（国土资发〔2011〕60号）要求，严禁通过农村集体土地登记活动将违法用地合法化。上述2019年发布的《宅基地管理的通知》则明确指出“宅基地是农村村民用于建造住宅及其附属设施的集体建设用地”。可见，中央政策一直将宅基地使用权人限于农村村民，且应作狭义理解，即本集体经济组织的成员，而不包括城镇居民。对此，我国学界多认为宅基地使用权具有身份性，① 即便实行“三权分置”也应维持，故《民法典》第362条的“宅基地使用权人”可以等同于本集体经济组织成员。另一方面，由于“三农问题”的复杂性和20世纪80年代《土地管理法》作为单行法（特别法）的客观存在，并且《民法典》仍未就宅基地使用权设置基本规则（如宅基地使用权能否转让或设定抵押），导致农民虽获物权意义上的宅基地使用权，却囿于住房保障的限制，无法进行融资，农民增收渠道狭窄。

宅基地使用权人权利行使一般规则之缺失，在一定程度也加剧了农村实践中宅基地非常态利用的现象，形成“既存违规利用事实”与“行政措施频繁调控”相对立的局面。具体表现是，政策文件向来坚持宅基地使用权不向城镇居民开放，或者对于违规取得宅基地的，不予颁证（确权）。与此相吻

① 参见梁慧星、陈华彬：《物权法》（第六版），法律出版社2016年版，第247页；高圣平：《宅基地制度改革与民法典物权编编纂——兼评〈民法典物权编（草案二次审议稿）〉》，《法学评论》2019年第4期，第110页。

合，在宅基地改革试点地区之外，审判实践通常坚持宅基地使用权不能由非本集体成员取得或变相取得、当事人签订的宅基地（农房）买卖（互易）合同属无效的立场。[①] 然而，面对大量农房隐性交易的现实，以及宅基地既有居住保障功能弱化、农户渴望增强其财产功能的变化，学界近来有声音主张应当允许宅基地使用权自由流转，赋予农民处分权。[②] 毫无疑问，“房地分离”使房屋可单独成为物权客体，农村村民转让或出租房屋却又必然使受让人占有宅基地，导致实践中脱离法律规定、非本集体经济组织成员事实上占用宅基地等情况并不罕见。这些非常态占用宅基地的情形主要包括：原集体成员嗣后丧失村民资格（比如原集体成员在户籍上变成“城镇非农业户口”），却因继承房屋而事实上占有宅基地、政府移民异地安置，以及非集体成员的农民违规购买农房而占用宅基地等。它们均使事实上占用宅基地的主体不再限于本集体经济组织成员。这与宅基地仅能用于本集体成员建房的既有要求并不一致，原《物权法》确立的封闭性宅基地利用制度遭受冲击。接下来需要考虑的问题是，如果将基于分配而取得的建房用地定性为物权性的宅基地使用权，那么，非常态下占用宅基地所取得的权利与村民的宅基地使用权是否存在本质区别？

另一方面，尽管宅基地使用权呈现只向本集体成员分配的封闭性，但宅基地可由非集体经济组织成员支配、占用的现象，事实上既未被法律明确否定，也未被国家有关政策禁止，反而在某种程度上得到承认（宅基地确权登记方面）。事实上，在一些特殊情况下，宅基地由非农民集体成员支配、占用的现象，比如因继承房屋而取得宅基地使用权、社会主义新农村建设或者

---

① 参见吉林省高级人民法院（2017）吉民再227号民事判决书，北京市高级人民法院（2019）京民审3724号民事裁定书，宁夏回族自治区高级人民法院（2018）宁民再47号民事判决书。有判决则以宅基地不得买卖为由，否定农房转让协议效力，参见南京市中级人民法院（2019）苏01民终6524号民事判决书。然而，也有判决认为现行法未禁止非集体经济组织成员之间的宅基地和农房转让，只规定宅基地使用权应进行审批，故此种合同应有效。参见宁夏回族自治区银川市中级人民法院（2017）宁01民再22号民事判决书。

② 高圣平：《宅基地制度改革政策的演进与走向》，《中国人民大学学报》2019年第1期，第24页；王卫国、朱庆育：《宅基地使用权如何进入市场？——以画家村房屋买卖为切入点》，《政法论坛》2014年第3期；宋志红：《宅基地使用权流转的困境与出路》，《中国土地科学》2016年第5期；张克俊：《基于功能视角的宅基地制度改革探索》，《社会科学研究》2017年第6期。

脱贫攻坚中的易地扶贫安置，既未被法律明确否定，也未被政策禁止，反而在某种程度上得到承认。比如原国土资源部、中央农办等部门发布的《关于农村集体土地确权登记发证的若干意见》（国土资发〔2011〕178 号）指出：“已拥有一处宅基地的本农民集体成员、非本农民集体成员的农民或城镇居民，因继承房屋占用农村宅基地的，可按规定登记发证……。”① 据此，因继承房屋的事实和我国房地一体原则，不仅非集体成员同样可以取得宅基地使用权，作为土地物权之宅基地使用权的身份性并非不可突破，而且已获得一处宅基地的村民还能获得更多的宅基地，尽管后者会造成“超标占用”宅基地的结果（下文详述）。上述政策调控所采用的应对宅基地“超标占用”的特殊方式，重在解决“堵”的问题，却未能形成良好的“疏”的效果。行政管理思路占据上风的主要原因在于，私法未就宅基地利用的法律关系予以系统性规定。

此外，维持宅基地使用权只能由本集体成员专门享有的旧有模式，或许在严格区分城乡户籍时具有相当意义，倘若农村户籍管理趋于放松，农民可自由迁移户籍时（所谓“来去自由”），宅基地使用权身份性的固有模式必然面临冲击。比如广西自 2019 年 12 月实施新的政策，规定农民进城落户后，已确权的宅基地使用权、集体收益分配权均不受影响（《广西深化户籍制度改革的若干规定》第 6 条）。换言之，农业人口在落户城市、丧失原集体成员身份后，仍为已确权的宅基地使用权人。显然，在权利主体上，此种权利与集体成员的传统宅基地使用权并不完全相同。综上，除因分配而取得宅基地使用权之外，还存在取得（享有）宅基地使用权的其他方式，后者并不以本集体成员身份为前提，如何解决其正当性，刻不容缓。农村宅基地“三权分置”要求下，存在疑问的是，如果将农户基于分配而取得的建房用地定性为物权性质的宅基地使用权，那么，非常态下占用宅基地建造房屋所取得的权利与村民的宅基地使用权是否存在本质区别？

---

① 对此种情形，该《意见》第 7 条规定，《集体土地使用证》记事栏应注记“该权利人为本农民集体原成员住宅的合法继承人”。

二、宅基地“超标占用”与宅基地（农房）闲置

虽然农村村民因分家析产取得新的宅基地和房屋，未突破宅基地（使用权）由本集体成员专门享有的限制，但往往造成“超过法定标准”占用宅基地。事实上，农村宅基地“一户多宅”“超面积占用宅基地（建房）”现象并不鲜见。比如江西鹰潭市余江区在宅基地改革前，“一户多宅”比例高达39%，[①]《土地管理法》确立的“一户一宅”原则面临挑战。与此相关，“一户多宅”往往意味着农户实际占有的宅基地面积超过法定标准（《土地管理法》第62条第1款）。造成上述情况，可能由于房屋继承、违法占用农地建房，也可能是村民之间农房（或宅基地使用权）转让等。特别地，实践中源于农村村民家庭成员的自然更新迭代。比如，根据2021年7月修正后的《湖南省实施〈中华人民共和国土地管理法〉办法》（以下简称《湖南省土地管理法实施办法》）第45条第1款，湖南农村村民每户的宅基地面积通常为180平方米。若村民张三在分户时的宅基地面积为130平方米，在其父亲去世时，他因为继承作为其父遗产的房屋而同时取得130平方米的一块宅基地，导致张三实际的宅基地面积为260平方米，已经远远超过湖南省210平方米的法定最高标准。[②] 另一方面，中央政策对基于历史原因形成的“一户多宅”“超面积占用”宅基地等现象，并未要求农户直接退还多占的宅基地，而是希望借助农户自愿有偿退出宅基地等措施，实现一户一宅、面积法定的回归。近年来的农地政策通过分类分级处理农村宅基地利用和农村违规建房问题，既有效保障了农民住房和宅基地的合法权利，也使得村民建房和宅基地合理利用渐渐步入法治化轨道。

与此同时，虽然农村村民因分家析产等原因取得新的宅基地和房屋，没

---

① 参见张乃贵：《完善一户一宅的“余江样板”——江西省余江县宅基地制度改革的启示与建议》，《中国土地》2017年第10期。

② 该第45条第1款规定：“农村村民每户宅基地面积一般不超过一百八十平方米，涉及占用耕地的每户用地面积不超过一百三十平方米，全部使用荒山荒地的每户用地面积不超过二百一十平方米。”这种做法与中南地区人多地少的实际基本吻合。相反，在我国北方一些人少地广的地区，农民每户的宅基地面积则较大，比如2015年修正的《黑龙江省土地管理条例》第38条第2款规定：“农村村民新建住宅的宅基地，每户不得超过三百五十平方米。”

有突破宅基地（使用权）由本集体成员专门享有的限制，但往往造成“超过法定面积”占用宅基地，“一户多宅”时还容易导致宅基地闲置。“超标占用”宅基地造成的显著弊端就是农村宅基地（农房）闲置，其形成原因较为多元。一是在某些农村地区，部分农民基于“坚守祖宅”或“不占白不占”等观念，不腾退多占或已处于废弃状态的宅基地，尤其村民存在“一户多宅”时，宅基地（农房）闲置较为常见。二是宅基地闲置与我国近年来高速发展的城镇化进程密切有关。国家统计局有数据表明，农业转移人口市民化速度明显加快，截至2018年，约9000多万农业转移人口在城镇落户。[①] 由此带来的一个影响是，原来获得宅基地的本集体成员在进城落户或随子女进城后，宅基地（农房）通常处于闲置状态，而宅基地使用权不得流转事实上成为阻碍农房发挥财产功能、加剧宅基地闲置的法律—政策因素。三是由于不同历史时期地方政府执法标准不一，农民建房规划不够，加上农民集体及其代表人对集体土地的支配（利用、管理）权能未得到充分发挥、农村集体经济组织普遍存在功能孱弱等原因，一定程度上也导致了宅基地闲置。四是由于宅基地的唯一用途是建造农房自住，故宅基地闲置常常与农房闲置一并出现。

然而，若仅以不符合《土地管理法》第62条“一户一宅”“面积法定”原则，由本集体或集体经济组织采取强制性手段收回，则既违反“房地分离”的法律规定，侵犯农民房屋所有权，实践中也难以真正操作。在农村“房地一体”确权登记颁证过程中，中央政策也要求“分类规范解决宅基地违规违法问题”，而不是搞“一刀切”，或者要求“一户多宅”的村民强制退出多占的宅基地。此种处理方式，既符合农村宅基地利用的实际，也为全面推进乡村振兴背景下探索宅基地利用的新模式提供了可能，具有合理性。从2015年以来的启动宅基地改革试点经验来看，对宅基地“超标使用部分”通

① 参见国家统计局：《城镇化水平不断提升城市发展阔步前进——新中国成立70周年经济社会发展成就系列报告之十七》，载国家统计局网，http://www.stats.gov.cn/tjsj/zxfb/201908/t20190815_1691416.html，2019年11月20日最后访问；参见苏诗钰：《国家统计局：我国城镇化水平快速提升》，载证券日报网，http://www.zqrb.cn/finance/hongguanjingji/2019-08-22/A1566452970891.html，2019年11月20日最后访问。

常按照有偿使用的方式进行处理，并未直接收回。比如浏阳市，本集体成员因继承房屋等超过户均标准占用宅基地的，对超过部分的50%实行有偿使用；[①] 并且，每户的宅基地使用权面积也未超过《湖南省土地管理法实施办法》确定的标准。天津蓟州区对本集体成员初次分配取得的宅基地不收费，对于嗣后取得的宅基地则按占地面积实行有偿使用。[②]

由此，在实践中特殊情况下的“超标占用”宅基地现象，也得到有条件的承认，通常是根据一定标准实行有偿使用。与之前农户申请集体土地用于建房相比，区别在于农村宅基地利用不再完全无偿，而是区分为有偿和无偿两种类型。这种处理“超标占用”宅基地的方式，既符合物权法领域自然资源（宅基地）有偿使用的用益物权一般原理（《民法典》第325条），提高了宅基地利用效率，又尊重和考虑了历史原因所形成的实际，通常能为民众接受。[③] 当然，对于超出法定标准面积的部分的宅基地，其有偿使用标准应当根据近年来当地的农村收入水平、尽量参考周边地区有偿建设用地等实际情况，综合进行确定，不能参照城镇建设用地使用权出让的标准进行收费。在这种意义上，作为宅基地所有权人代表人的村农村集体经济组织或者村委会，对于超标部分的收费标准的制定，将起着主导作用。既要防止个别人出于私利（比如村委会干部自己家的宅基地面积严重超标）将单位收费标准（通常是每平方米每年多少元人民币，用计量单位表示为：元/平方米/年）定得很低，也要防止单位收费标准虚高，损害大部分村民的合法利益。

总之，宅基地“超标占用”和宅基地（农房）闲置，均不符合《民法典》物尽其用的效率原则。农村宅基地“三权分置”正是基于这一认识才提出来，从前期试点地区经验来看，宅基地制度改革在解决分配不公、盘活利用闲置农房和宅基地、增加农民财产性收入上取得明显成效。[④] 另一方面，

① 参见2016年出台的《浏阳市农村宅基地有偿使用暂行规定》。

② 参见2016年4月3日发布的《蓟县农村宅基地有偿使用办法（试行）》第6条。

③ 浏阳市将有偿使用和有偿退出相结合，取得了成效。参见庄居湘、陈焕明：《土地“活了”乡村靓了农民笑了》，载《长沙晚报》2018年1月19日，第A01版。

④ 农业农村部2018年8月2日公布的《对十三届全国人大一次会议第2705号建议的答复》，载农业农村部网，http：//www. moa. gov. cn/govpublic/NCJJTZ/201808/t20180807_ 6155409. htm，2022年4月20日最后访问。

严格禁止村民宅基地使用权对外流转，虽能实现农民居住保障目标，但也导致宅基地（农房）难以发挥其财产价值。单纯依靠政策难以从根本上管控农村建房行为，随着我国农村居住情况的结构性变化，比如通过农村房屋买卖而事实上占用宅基地，或生态移民，一些新的问题也无法在原有法律框架内得到解决。与此同时，在实施农村一二三产业融合发展和全面推进乡村振兴的背景下，[①] 各方当事人因宅基地利用而产生的权利义务关系也亟需明确。农村宅基地“三权分置”就是从法律层面为应对上述问题而提出。下文将从宅基地利用之权利架构和规范配置模式的双重视角，检讨宅基地的立法技术构成，并提出我国农村宅基地使用权制度在实现农业农村现代化过程中应当采用的法律方案。

第三节　民法典视野下宅基地“三权分置”的私法架构

一、宅基地使用权取得的二元性

（一）基于分配的无偿取得和特殊情形下的有偿设立

如上所述，农村村民能够基于集体成员身份申请分配宅基地用于建房，取得宅基地使用权。尽管《民法典》第 362 条关于宅基地使用权权能的规定，没有提及是否有偿“利用”集体土地，但在满足农村独立分户条件，以及《土地管理法》关于土地利用总体规划等审批条件时，村民无偿地取得宅基地用于“建造住宅及其附属设施”。该条关于宅基地使用权人对集体所有

① 自然资源部、国家发展改革委等部门 2021 年 1 月 28 日联合发布的《关于保障和规范农村一二三产业融合发展用地的通知》（自然资发〔2021〕16 号）明确提出：以乡镇或村为单位开展全域土地综合整治，盘活农村存量建设用地，腾挪空间用于支持农村产业融合发展和乡村振兴。在符合国土空间规划前提下，鼓励对依法登记的宅基地等农村建设用地进行复合利用，发展乡村民宿、农产品初加工、电子商务等农村产业。同旨参见胡春华：《加快农业农村现代化》“二、提高农业质量效益和竞争力”之“（三）推动农村一二三产业融合发展”部分，载中国政府网，http：//www. gov. cn/guowuyuan/2020 -12/01/content_ 5566064. htm？gov，2021 年 4 月 30 日最后访问。

的土地享有“占有和使用的权利”的规定，需要进行解释。虽然在集体分配宅基地之时，可考虑设此要求，但农村宅基地并不当然限于宅基地使用权人为满足自己及家庭成员居住而使用。根据《民法典》第363条，宅基地使用权的“取得”，适用土地管理的法律和国家有关规定，这表明土地管理的法律能够（或者在某种程度上必须）就宅基地使用权取得作出具体规定，申言之，在规范层面，其作为应对宅基地制度改革之衔接条款的作用，便显得微不足道。

下文将论证，倘若在物权法时代，第363条（基于同于原《物权法》第153条）如此规定尚能勉强接受，毕竟农村土地问题千头万绪，农村村民建房及其归属问题暂由行政法进行管制，实有便宜兼效率的考量。但是，进入民法典时代上述局面应当得到彻底改变，《民法典》物权编必须明确宅基地使用权设立、变动等基本规则，以有效保护物权人应有的民事权利。就此需要说明者有三，第一，该第363条使用了“宅基地使用权取得”的表述，而没有像土地承包经营权（《民法典》第333条第1款），或建设用地使用权制度一样使用术语“设立”，这种（区别）处理是否意味着，在立法者看来村民的宅基地使用权不适用以合同创设用益物权的模式呢，或者说，宅基地使用权设立并非基于法律行为取得物权的方式。本书认为，农村村民提出建房用地的申请，村集体表示同意，即意味着二者之间成立关于宅基地利用的合意，村民申请建房并占用宅基地的有关申请材料，即是宅基地使用权设立的协议。另一方面，即使从民事权利“取得”的一般理论出发，第363条所谓宅基地使用权取得的范畴，虽在广义上可以包括因继承而继受取得宅基地使用权，但首先应当解决如何创设权利的问题，即具备何种要件能够“设立”宅基地使用权。

因此，《民法典》第363条狭义上的“取得”，即宅基地使用权设立仍以合同作为权利取得的基础。换言之，建房用地申请书获得村集体同意时，宅基地使用权即进入“设立”的通道（并且，建房人根据《土地管理法》完成一些审核要求后，便能够合法建造房屋，是为行使宅基地使用权）。这与土地承包经营权设立规则并无不同。学界有谓宅基地使用权取得无需合同作为取得前提的立场，[①] 难以获得支持。

与此同时，由于房屋所有权和宅基地使用权分属不同物权客体的立法实际，二者在物理上又不可分割，因此，非集体成员虽不能申请分配或购买宅基地使用权，但可通过继承房屋所有权、移民异地安置等方式，事实上占有宅基地。此种非集体成员占用宅基地（保有建筑物）之权利，与农户因分配而取得的宅基地使用权并无本质差异，唯一区别只在于身份因素。虽然私法上就宅基地利用可形成物权性使用关系和债权性使用关系，[②] 但若将此种不具有成员身份而形成之土地使用关系定位为债权，则难以解释在房屋存续期限超过土地租赁 20 年的最长期限（《民法典》第 705 条第 1 款，原《合同法》第 214 条均规定超过的租赁期限部分无效）时，房地一体下的土地利用关系。相反，非集体成员的农民或城镇居民因继承农房所有权而（事实上）占用宅基地，属广义的建设用地使用权范畴，宜同样将此种关系定性为用益物权性质的宅基地使用权，并明确相应的规则。

第一，非集体成员占用宅基地形成的土地利用关系之内容，同样是保有地上建筑物，解决居住需要，它与本集体成员由于建房取得的宅基地使用权本质上并无不同。第二，在继续坚持以本集体经济组织成员身份作为申请建房用地的原则下，将非集体成员的农民或城镇居民因继承房屋、政府移民异地安置而占有宅基地形成的法律关系，明确为宅基地使用权，可有效维持现行房地一体政策。由于此种宅基地使用权体量小，不会冲击既有宅基地制度，故宅基地仍是解决村民居住问题的保障。第三，从试点经验来看，对非本集体成员因继承房屋、移民异地安置等占有宅基地的情形，并未采取不承认其宅基地使用权的做法。相反，对前一情形通常以收费的方式予以间接认可（比如浏阳市），而移民异地安置通常实行“拆旧建新”政策，在“外来户”将原有宅基地退还原来的集体时，其在安置地获得的建房权利很难不被视为宅基地使用权。当然，鉴于继承房屋的非集体成员和“外来户”不具备成员

① 参见高圣平：《我国农村土地权利体系：从归属到利用》，《北京大学学报（哲学社会科学版）》2020 年第 5 期。

② 参见谢在全：《民法物权法论·中册》（修订五版），中国政法大学出版社 2011 年版，第 426 页。

身份，无法享有本集体成员的其他权益，比如集体分红。第四，因集体成员身份缺失而实行宅基地有偿使用，也符合用益物权通常应以有偿方式设立的原则，并可昭示此种利用宅基地的权利与村民基于劳动群众集体所有制而无偿取得的宅基地使用权之间的差异。因此，农村宅基地使用权并非只能由本集体经济组织成员取得，解释上《民法典》第362条“宅基地使用权人”的范围应作目的性扩张，即包括非集体成员。相反——如上所述——若完全否定非本集体成员也能取得宅基地使用权，既无法律依据，也不符合我国现实情况。一方面，由于我国在农村实行生产资料的劳动群众集体所有制（《宪法》第6条第1款），有必要坚持以本集体成员资格作为分配宅基地的前提。另一方面，实践中非集体成员因继承房屋而占用宅基地，也能登记发证，①事实上承认了非集体成员同样可以取得宅基地使用权。

根据适度放活宅基地使用权的改革要求，对于宅基地使用权取得方式，不仅应继续坚持宅基地分配的身份性，以贯彻集体经济的生产模式，还应有条件地放开宅基地使用权取得的封闭性，允许特定区域内的其他集体经济组织成员以有偿方式取得。作为试点的重要方面，正在推进的农村宅基地制度改革对此进行了“积极探索”。② 如此，既可解决其他非集体成员主体的用地需求，还能有效利用闲置宅基地，壮大集体经济组织，可谓一举多得。比如，义乌允许将宅基地使用权连同地上建筑物，转让给本市域集体经济组织成员，但应按宅基地基准地价的20%向村集体缴纳土地所有权收益。③ 其他试点地区对非集体成员的农户取得宅基地、“一户多宅”等超标占用宅基地，大多确立有偿使用模式，由村集体（如村股份经济合作社）收取宅基地使用

---

① 对于此种情形，《关于农村集体土地确权登记发证的若干意见》规定，《集体土地使用证》记事栏应注记“该权利人为本农民集体原成员住宅的合法继承人”。

② 农业农村部2020年10月21日表示，新一轮农村宅基地制度改革试点将继续探索宅基地有偿使用制度，同时也要维护农民合法权益。参见农业农村部：《对十三届全国人大三次会议第5359号建议的答复摘要》，载农业农村部网，http：//www.moa.gov.cn/govpublic/NCJJTZ/202010/t20201021_6354788.htm，2021年4月23日最后访问。

③ 参见宋迎新、钟和曦：《浙江省农村宅基地“三权分置”的实践与思考》，《国土资源》2018年第4期，第32页。

费，比如浏阳、德清、余江。[①] 如果非成员的房屋所有权人不再使用宅基地，则可参考因养老服务机构自身原因不再使用以有偿方式取得的养老服务设施用地的处理方式，[②] 即由农民集体对农房给予合理补偿，并收回宅基地使用权。

另一方面，适度放活宅基地使用权则需要扩充（回复）其作为用益物权的应有内容，这主要表现为农户作为权利人对宅基地使用权的处分权能。依现行法，农村村民虽可无偿申请取得宅基地使用权，但禁止除自行占有、使用宅基地之外的其他利用方式，特别是禁止抵押（《民法典》第399条），同时，国家政策层面也历来禁止城镇居民购买农房（或宅基地使用权）。这种做法虽有效维持了农村稳定，但却让宅基地使用权财产（融资）功能被遮蔽，一定程度上也造成了宅基地闲置。学界有力说主张赋予宅基地使用权抵押权能，并更新既有的抵押权实现方式，增加“强制管理”类型，[③] 以避免出现农民无房可住的社会风险。然而，实践中本集体内部成员间的农房转让以及宅基地（使用权）转让并未遭遇阻碍。其原因首先在于，宅基地使用权内部转让未突破集体土地服务于本集体成员的目标，其次，在试点地区因内部转让导致“超标占用”宅基地的，实行有偿使用，集体经济组织乐见其成。比如，浏阳市未禁止村民私下的房屋（宅基地使用权）转让，而在江西余江，宅基地内部转让的流转收益包括宅基地收益和房屋收益，前者需在集体经济组织和原宅基地使用人之间合理分配。[④]

综上，宅基地“三权分置”下，村民的宅基地使用权兼具身份性和财产性特征，其制度功能应从侧重本集体成员的居住保障，向兼及财产价值和居住保障转变。跨越本集体经济组织范围授予非集体成员的农民以宅基地使用权具有可行性，不仅未逾越禁止城镇居民买卖农房（宅基地使用权）的政策

① 参见《德清县农村宅基地管理办法（试行）》第13条第4项。参见李祜梅、张清华等：《余江县农村宅基地改革试点的探讨》，《安徽农业科学》2019年第11期。

② 参见自然资源部2019年11月27日印发的《关于加强规划和用地保障服务养老服务发展的意见》。

③ 高圣平：《宅基地制度改革与民法典物权编编纂——兼评〈民法典物权编（草案二次审议稿）〉》，《法学评论》2019年第4期，第116页。

④ 参见2015年7月29日印发的《余江县宅基地有偿使用、退出及流转办法》第2条。

红线，在有偿使用的前提下，还能增加农民集体收益，调动民众参与的积极性。

（二）《民法典》物权编无需规定集体经济组织成员资格的认定标准

尽管宅基地使用权设立存在二元模式，但其主体仍旧是符合条件的农村村民向集体申请分配这种类型，这也与宅基地本身的制度目的相吻合。随之而来的问题是，既然只有集体经济组织成员才能成为宅基地使用权人，申请宅基地用于建房，那么，满足哪些条件/要素才算是成员呢？据此，那种认为《民法典》物权编应当明确规定成员资格认定标准的观点，[①] 不足为信。相反，本书认为，应当将确定农村集体经济组织成员的具体标准，交由地方自行决定，以体现因地制宜，切实考虑我国广大农村之间的巨大差异。

《民法典》虽然不需要具体规定成员资格的认定标准，但有必要建立集体经济组织成员与宅基地使用权人之间的私法通道，明确物权人享有的权能。换言之，在实行分配宅基地用于满足村民建房需求的场合，应当明确集体经济组织成员在满足法定条件的情况下。比如，作为本集体经济组织成员的村民符合《湖南省农村住房建设管理办法》（2019 年 12 月 17 日公布、自 2020 年 1 月 1 日起施行）第 10 条第 1 项关于具备分户条件、确需立户建房的要求，可以成为民法上的宅基地使用权人。相反，《湖南省农村住房建设管理办法》第 11 条规定："村民申请建房，有下列情形之一的，不予批准：（一）不是本集体经济组织成员的；（二）不符合村庄规划的；（三）不符合一户一宅规定的；（四）原有住房出卖、出租、赠与他人或者改作生产经营用途的；……"这意味着出现上述情况时，农村村民无法取得宅基地使用权。

二、宅基地所有权的充实和宅基地资格权的否定

与此同时，农村宅基地"三权分置"中各种权利的定位及其关系，必须以宅基地所有权人的利益实现（权利行使规则）作为基础。在现行私法上，

① 参见杜万华：《民法典物权编草案（二审稿）的体系》，《中州学刊》2019 年第 6 期。

农民集体是宅基地所有权人，[①] 行使机制是集体经济组织代表其行使所有权。具体而言，基于我国土地公有的社会主义经济制度基础（《宪法》第10条第1、2款），农村宅基地属于农民集体所有（《民法典》第260条），应由村（乡镇）集体经济组织或村民委员会、村民小组等代表集体行使宅基地所有权（《民法典》第262条）。宅基地作为我国特有的农村土地利用类型，现行法不仅将其归属于“集体”所有，还允许它作为用益物权客体，适用限制物权规则，从而设立一种特别的建设用地使用权用于解决农村村民的居住问题。尽管从《民法典》“宅基地使用权”章中的几个粗陋条文（第362条至第365条）来看，宅基地使用权并未具备完整的用益物权内容。与此同时，农户取得宅基地使用权时必须遵循（公法上确立的）法定面积标准（《土地管理法》第62条第1款），导致宅基地使用权更有别于其他类型的限制物权。因此，农村宅基地在融入用益物权规则中的存在特殊情况，都必须引起人们足够的重视。

事实上，由我国集体土地公有制的宪法基础所决定，《民法典》物权编以及原《物权法》的上述做法，却并不当然表明宅基地（以及承包地）和个人所有的普通不动产一样实行完全相同的私法规则，毋宁是宅基地制度通过借助物权法原理（即用益物权），更好地发挥农民集体土地旨在维护劳动群众集体所有制，以及服务农民群体日渐多元的目标（比如用于满足居住需要、增收、融资等）。这种与生俱来的两面性使得宅基地制度改革具有鲜明的中国特色和时代特征，也成为改革的难点和关键。因此，一方面，需要将宅基地上的私法归属关系严格区别于对宅基地的管理行为。“农民集体”作为宅基地在私法上的所有权人，其本身的权益应当在法体系内部得到贯彻。另一方面，我国现行法上农村宅基地通常由村集体经济组织或村民委员会“代表集体”行使所有权的规定，应当具体化。最直接有效的做法是，明确“代表人”职责，充实和丰富所有权人的权能。其私法上根据主要在于，《民法典》物权编第262条。截至2020年4月，从已完成

---

① 参见高圣平：《民法典与农村土地权利体系：从归属到利用》，《北京大学学报（哲学社会科学版）》2020年第4期，第68页。

的农村集体产权制度改革来看，农村的清产核资单位提供的数据显示，现有经营性资产3.1万亿元、非经营性资产3.4万亿元；集体资源性资产总面积65.5亿亩，农村宅基地——和承包地一样——自然应当归入集体资源性资产之列。

如上所述，由于《民法典》已将集体所有权作为私法中的一项基本制度，[①] 对集体土地的具体利用形态原则上应当遵循所有权的支配规则（《民法典》第240条以及第114条），并适用所有权和用益物权之间关系的内在原理（第241条），从而在以承包地流转、宅基地“三权分置”为代表的农村集体产权制度改革中，首先需要考虑的是，如何“行使”农民集体土地所有权，并确保所有权人的利益得到保护和实现。如果把它转换成当今的政策用语，就是“不能把农村土地集体所有制改垮了”，这也是2016年开启承包地“三权分置”改革之时的一项基本原则（即“守住政策底线”）[②]。其中，如何认识农户申请使用集体土地用于建房这一行为，某种程度上将决定未来宅基地改革的制度构建。

以集体经济组织作为宅基地所有权人的代表人为例，若要农民集体土地所有权发挥服务本集体及其成员的功能，在明确其作为特别法人地位（《民法典》第99条）的基础上，还必须建立集体经济组织对宅基地的有效管理机制。对申请分配条件、是否有偿使用及具体收费标准，以及农房选址和建设等方面均应进行规范，并配合《土地管理法》有关国土空间规划（第18条）、城乡规划和土地利用总体规划（第19条第2款），以及宅基地面积不得超过法定标准（第62条第1条）等强制性规定的落实。过去一段时间，因集体土地所有权的权能难以有效行使，加上既有民事法律对于农户宅基地使用权的内容没有实质性的规定，往往导致土地（宅基地）的财产价值被遮蔽。从国务院2020年4月向全国人大常务委员会作的《关于农村集体产权制

① 参见王晨：《关于〈中华人民共和国民法典（草案）〉的说明——2020年5月22日在第十三届全国人民代表大会第三次会议上》“四、民法典草案的主要内容”之“（二）物权编”部分。

② 参见《习近平小岗村释放农村改革信号——“让农民尽快富起来”》，载中国共产党新闻网，http：//cpc.people.com.cn/xuexi/n1/2016/0429/c385474-28314450.html，2021年5月4日最后访问。参见中共中央办公厅、国务院办公厅2016年10月30日发布的《关于完善农村土地所有权承包权经营权分置办法的意见》“二、总体要求”之“（二）基本原则”部分。

度改革情况的报告》反映的实际情况来看，农村集体资产管理水平不高是改革面临的主要问题之一。比如，试点中有些地方“集体经营性资产运营管理能力不强，非经营性资产管护主体责任不明”,[①] 而有些地方农村集体经济组织软弱、涣散或虚置,[②] 更是加剧了上述趋势。

因此，农村宅基地“三权分置”下，为了充分发挥集体土地所有权的财产权能，合理调动村集体经济组织管理集体土地的积极性,[③] 是实行农村宅基地“三权分置”的前提。在这种意义上，“落实宅基地所有权”的关键，是通过充实集体经济组织“代表人”机制，明确集体土地所有权管理权能内容,[④] 加强宅基地分配方案、具体利用模式以及管理方面的规范建设。这种侧重于私法上权利主体的思路，虽然符合所有权保护原理，但宅基地所有权的内容却呈现出双重性。显然在管制法之下，宅基地所有权人对物权客体，即宅基地本身的支配性与私人所有权所具有的完全支配性，存在很大的差别。历史地看，从 1988 年修正《土地管理法》之后，公法对宅基地的管制和介入成为常态，此次修法意味着农村宅基地利用发生了重大转向。作为私权性质的宅基地更多地受到来自《土地管理法》关于法定面积标准、地方建设用地总量控制等规定的调控和管制。事实上，从 2019 年修订后的《土地管理法》有关规定来看，农村宅基地制度由于受到土地用途管制和土地利用总体规划的限定，不但新增规定的农村集体经营性建设用地入市，而且需要占用宅基地的村民建房，都必须取决于“建设用地总量控制”和“土地利用年度计划”制度（《土地管理法》第 23 条）。毕竟，在土地利用年度计划给某省级区域集体经营性建设用地安排的指标数很少的时候，农民集体（集体经济组织）完全无法在集体土地上有效设立建设用地使用权。农村村民建房的宅

① 参见韩长赋（农业农村部部长）：《国务院关于农村集体产权制度改革情况的报告——2020 年 4 月 26 日在第十三届全国人民代表大会常务委员会第十七次会议上》。

② 参见韩长赋：《中国农村土地制度改革》，《农业经济问题》2019 年第 1 期，第 13 页。

③ 中共中央、国务院 2016 年 12 月的《关于稳步推进农村集体产权制度改革的意见》发布后，地方性法规对此进行了立法探索。2018 年 4 月 1 日起实施的《上海市农村集体资产监督管理条例》第 19 条第 1 款明确规定：“农村集体经济组织应当建立和完善农村集体资产经营管理、责任考核和风险控制等制度。”

④ 参见韩松：《论农民集体土地所有权的管理权能》，《中国法学》2016 年第 2 期，第 130 页。

基地使用权亦是如此。在没有配给足够建设用地指标的时候，农村宅基地使用权完全无法得到设立，农民想要建房只能等待下一年度或地方取得用地指标之时。另一方面，鉴于宅基地属于集体不动产，为达到上述目标，还应当考虑特别法关于集体事项决策的有关规定。比如根据我国现行《村民委员会组织法》第22条第1款，村民会议所作决定，应当经到会村民或村民代表人数过半数同意等。

据此，上述“所有权+成员权+宅基地使用权”的模式，并不合理。它将成员权理解为具有身份性的用益物权并等同于资格权，将宅基地使用权改造成纯粹市场化的不动产用益物权，使得成员权和不动产用益物权的差别仅系于取得宅基地之身份，此种模式本质上仍为“所有权+用益物权”，而非宅基地上的“三权分置”。此外，在人多地少的农村地区，按照《土地管理法》新增第62条第2款规定，无法保障“一户一宅”而以农民公寓等替代方式解决村民居住需要之时，农民在集体土地上的成员权很难定位为传统民法中的用益物权。从地方宅基地“三权分置”改革实践来看，江西鹰潭余江就宅基地资格权理解为在农村申请宅基地建房的资格，[①] 显然并不将其作为一种民法上的财产权。

总之，未来宅基地立法完全没有必要认可“宅基地资格权”的存在，农户对农民集体土地的成员权利益应当区分私法范畴和公法范畴。事实上，中央政策文件中所谓农户“资格权”实质上在于表达，本集体成员可基于成员身份要求农民集体分配建房用地、保障居住[②]。相应地，农民集体作为土地所有权人（或者作为其代表人的集体经济组织）有义务向申请建房用地的集体经济组织成员分配宅基地。这也是为何在严格控制违法占用宅基地建房（“零容忍”）的背景下，政府仍必须保证农村村民合理建房用地需求的内在原因。除了由此带来的内部性（封闭性）特征之外，宅基地使用还具有无偿

---

① 并且根据余江有些地方宅改理事会确立的规则，村民的宅基地资格权不仅平等，而且宅基地资格权确认，需要经村民会议或村民代表大会通过。参见高云才：《余江宅改 改出乡村活力》，载人民日报网，http：//country. people. com. cn/n1/2020/0820/c419842－31829463. html，2022年5月28日最后访问。

② 参见宋志红：《宅基地资格权：内涵、实践探索与制度构建》，《法学评论》2021年第1期，第78页。

性，集体经济组织成员获得建房用地，无需缴纳任何费用。当然，就法律层面而言，农民集体向村民无偿分配宅基地使用权仅仅是进行农房建设的第一步，它也不意味着村民可以随意建房，而不受任何控制，相反，农村建房受住房建设管理制度规范。

在土地行政管理上，这表现为划定建设用地指标的定限配给。比如自然资源部、农业农村部2020年7月联合发布的《关于保障村民住宅建房合理用地的通知》（自然资发〔2020〕128号）虽然强调严格执行“一户一宅”和省级政府确定的宅基地面积标准，但开篇即要求地方政府有关部门将农民住宅建设用地指标单列安排，进行专项保障。改革开放以来，国家历来坚持重申农村宅基地只用于村民建房需要，禁止城市居民去农村修建别墅会所。并且，为了严守18亿亩耕地的保护红线，保护国家粮食安全，遏制农村村民乱占耕地，尤其是恶意占地建房的乱象，不断加强和提高农村宅基地规范管理水平，强调禁止耕地“非农化”“非粮化”。2020年7月29日发布的《自然资源部 农业农村部关于农村乱占耕地建房“八不准”通知》（自然资发〔2020〕127号，以下简称《“八不准”通知》）要求各地方政府以“零容忍”的态度，严肃查处新增农村乱占耕地建房行为。上述《“八不准”通知》不仅禁止买卖、流转耕地违法建房，遏制新增买卖耕地用于建房的违法行为，并且第七项还规定“不准非法出售占用耕地建的房屋”，即建造于耕地上的房屋本身亦不得非法买卖。由于该规定规范的对象仍是农村村民，从而产生的结果是，村民占用了耕地建造的房屋，亦不在房屋权利人随意处分之列。这与城市房屋（所有权）交易规则存在很大的不同，进一步将导致法律适用上的差别。背后原因在于，村民用于建房的宅基地，原本是基于分配从村集体处无偿地取得，根据“房地一体”原则，村民若将所建房屋出售，事实上也包含了将房屋下面的宅基地使用权一并处分，从而导致宅基地所有权人的合法利益被忽略。

另一方面，作为例外，在农村住房用地紧张地区可以考虑替代方式（《土地管理法》第62条第2款新增内容），比如建设农民公寓、农民住宅小区。需要强调的是，上述二者并非并列关系，相反，后者构成前者的补充，即原则上应当允许并确保村民可以申请宅基地用于建房。因此，那种认为宅基地资格权是一种具有身份性的独立私法权利，并能够表现为物权性的宅基地使用权的观点，难谓合理。就像《民法典》物权编第339条关于农村承包地“三权分置”的规定，并未提及土地承包权，从而应解释为不存在私法上的“承包权”一样，[①] 私法也应当放弃宅基地资格权的表述。实际上，这是我国实行劳动群众集体所有制（《宪法》第6条第1款）的必然要求，恰恰属于集体土地所有权的范畴，就像农户基于集体经济组织成员身份可以承包土地，正是一种农地所有权利用的具体方式一样。

首先，生产资料的劳动群众集体公有制下，集体经济组织“代表”农民集体行使宅基地所有权，意味着后者必须确保本集体成员在满足条件时可申请分配宅基地用于建房。例如义乌在试点中通过按人分配、按户控制的方式保障宅基地资格权，实质上是所有权人就宅基地分配标准设定条件，属于权能行使的具体方式。其次，资格权并无具体权利内容，尽管具备本集体成员资格是申请分配宅基地的前提，但宅基地使用权取得仍应以有效建房用地协议为基础，并完成行政审批手续（《土地管理法》第62条第4款）。再次，行使宅基地所有权的具体方式表现为通过加强宅基地利用的管理，使集体经济组织真正履行“代表人”职责。例如针对历史形成的“超标占用”宅基地现象，统一制定有偿使用或有偿退出的标准，可以实现壮大集体经济组织的目标。江西余江区重视发挥村民事务理事会作用、坚持宅基地无偿和有偿使用并举，对历史形成的“超标占用”宅基地一律进行收费，村集体收入得到提高。[②]

因此，所谓“宅基地资格权”并非私法上的独立权利，反而属于农村集体土地上的成员权内容，应被理解为集体土地所有制下，农户可向本集体申请宅基地用于建造住宅的一种福利措施和基本居住保障。准此，德清县的资

---

① 参见滕佳一：《承包地利用的守成与突破——以土地经营权法律定位的检讨为中心》，《交大法学》2021年第1期，第147页。

② 参见吴鹏泉、华山：《江西余江宅基地改革“密码”：盘活闲置资源助力乡村振兴》，载《中国新闻网》2018年6月11日；钟海华：《余江积极探索宅基地“三权分置”》，载《江西日报》2019年1月6日。到2018年6月，余江县（现余江区）村集体收取有偿使用费7490户1108万元，流转宅基地1121宗219亩。

格权（所谓“地票”模式[①]）恰恰属于完善宅基地所有权权能的一种改革探索。至于农户享有免费分配宅基地的资格如何在生产资料的劳动群众集体所有制中实现，则属自治法调整范畴，也是农村土地集体所有的重要内容。总之，我国宅基地立法应断然（明确）抛弃农户资格权的称谓。它无非是根据集体经济组织成员的内部身份将宅基地使用权予以（无偿）分配的通俗表达，侧重于描述宅基地使用权原始取得的福利性，却不具有实体权利的内容。针对农村大量出现的宅基地（农房）闲置，而其他非集体成员又无法占用宅基地用于经营活动的尴尬，农村宅基地“三权分置”传递的政策信息应当包括这样一种典型形态：“宅基地所有权人（农民集体）—本集体成员（农户）—非集体成员（新型经营主体）”三个民事主体就宅基地利用分别实现各自的利益安排。中央政策反复提到盘活利用闲置宅基地或农房发展民宿、文化旅游等产业，并确保农民利益不受损等要求，正是意图使所有权人—宅基地使用权人—实际用地人之间就宅基地（农房）利用形成新模式新业态，促进作为产权要素之宅基地的高效利用。

三、宅基地“三权分置”结构应为“集体所有权 + 宅基地使用权 + 宅基地租赁权”

就宅基地利用关系而言，农民集体向符合申请条件的村民分配宅基地后，即取得宅基地使用权，此为先前宅基地“两权分置”模式。房地一体要求下，对房屋所有权的处分同样涉及宅基地。因此，在房屋所有权人将房屋租赁给第三人而占用宅基地场合，应理解为自宅基地使用权派生出一种新的权利。第三人获得的此种权利虽得以排除宅基地使用权人对宅基地的占有，嗣其一旦消灭，则宅基地使用权人当然恢复对宅基地的支配。作为宅基地使用权人的农户以身份为基础获得宅基地（使用权）的法律状态，得以延续。因此，为应对宅基地（农房）财产功能表现孱弱和宅基地闲置等问题，基于“适度放活宅基地和农民房屋使用权”的要求，私法上的可能方案是，赋予宅基地使用权人对宅基地一定的处分权能，提高宅基地利用效率。既有宅基

① 参见《德清宅基地流转管理暂行办法》第 18 条。

地改革试点呈现不同模式，其中尤以义乌市、浏阳市、德清县等具有典型性。

自中央提出宅基地制度改革以来，法学界对于如何设置宅基地“三权分置”存在争议。有力说认为，具有身份性的宅基地使用权只能派生出债权性质的宅基地租赁权，但不妨赋予其登记能力，无从分出“资格权”，① 相反观点认为，资格权属成员权，应从宅基地所有权中确定其内容，② 而宅基地使用权应为“非本集体成员享有的直接派生于集体土地所有权的不动产用益物权”，分置后的权利结构应为“所有权—成员权—不动产用益物权”。③ 也有观点认为，宅基地使用权应定位于剥离身份性的财产性权利，④ 严格禁止宅基地对外交易并无益处，应借鉴地上权改造宅基地使用权。⑤ 经济学界则多按政策提法，径直认可宅基地资格权是一个具备多项权能的实体权利，⑥ 或认为应配置宅基地批租权，改革农房转让制度。⑦ 笔者认为，农村宅基地“三权分置”改革是以解决农村中大量存在的“超标占用”宅基地现象为核心目标，并通过多种途径放活宅基地使用权，促进农村一二三产业融合发展，优化农村宅基地要素配置，唤醒土地资本，发挥宅基地在全面推进乡村振兴中的积极作用。其中，以多种方式盘活利用闲置宅基地（农房）是改革的重

---

① 参见高圣平：《宅基地制度改革与民法典物权编编纂——兼评〈民法典物权编（草案二次审议稿）〉》，《法学评论》2019 年第 4 期，第 111 页。类似观点认为，由宅基地使用权产生的权利为物权化性质的“法定租赁权”，参见陈小君：《宅基地使用权的制度困境与破解之维》，《法学研究》2019 年第 3 期，第 56 页。

② 韩松：《宅基地立法政策与宅基地使用权制度改革》，《法学研究》2019 年第 6 期，第 92 页。

③ 高海：《宅基地“三权分置”的法实现》，《法学家》2019 年第 4 期，第 140 页。相反观点认为，资格权应为身份性财产权利，性质上也是宅基地使用权，参见刘国栋：《论宅基地三权分置政策中农户资格权的法律表达》，《法律科学》2019 年第 1 期，第 192 页及以下。

④ 参见温世扬、梅维佳：《宅基地“三权分置”的法律意蕴与制度实现》，《法学》2018 年第 9 期。

⑤ 参见孙建伟：《宅基地“三权分置”中资格权、使用权定性辨析》，《政治与法律》2019 年第 1 期；王卫国、朱庆育：《宅基地使用权如何入市?》，《政法论坛》2014 年第 3 期；汤文平：《宅基地上私权处分的路径设计》，《北方法学》2010 年第 6 期。类似观点认为，宅基地使用权抵押权实现时，农房和宅基地使用权可由不同主体取得，参见高圣平：《宅基地制度改革政策的演进与走向》，《中国人民大学学报》2019 年第 1 期，第 26 页。

⑥ 参见董新辉：《新中国 70 年农村宅基地使用权流转：制度变迁、现实困境、改革方向》，《中国农村经济》2019 年第 9 期；陈广华、罗亚文：《乡村振兴背景下宅基地资格权研究》，《安徽大学学报（哲学社会科学版）》2019 年第 5 期。

⑦ 参见刘国臻、刘芮：《宅基地“三权分置”下宅基地上房屋转让制度改革路径》，《学术研究》2019 年第 2 期。

要一环。

新一轮农村宅基地改革是在坚持宅基地集体所有、原则上只向本集体成员分配作为建房用地的基础上，通过扩张（或适当承认）宅基地使用权本身的财产属性，实现农地高效利用和农民增收的目标。上文已指出，宅基地“三权分置”下，农户资格权并无具体权利内容，而是集体土地所有权行使的结果，故立法上应予以舍弃。对于由宅基地使用权所产生之新权利性质的判定，存在物权或债权两种方案。根据“房地一体”原则，非宅基地使用权人的第三人通过租赁等方式利用农房从事民宿、乡村旅游等活动，同时成立宅基地使用权的租赁（对比《城镇国有土地使用权出让和转让暂行条例》第28条规定的国有土地使用权出租）。换言之，宅基地“三权分置”是指，宅基地（使用权）由第三人（非宅基地使用权人）利用时，从农户宅基地使用权派生出一个新的权利，后者属于对前者设定的法律上负担，其性质应为债权，而非用益物权。

首先，宅基地使用权作为用益物权以取得宅基地之占有为前提，无法就同一不动产，即宅基地再设立一个同样以占有为内容的用益物权。尽管从债之关系角度出发，似乎不妨碍新型经营主体就宅基地取得一定的收益，但在严格区分对物的不同利用关系的前提下，物权和债权的界分仍必须坚持。在德国民法中，债法上的用益租赁（Pacht），对应的是物权法上的用益权（Nießbrauch），在前者中用益租赁承租人可以要求使用租赁物，并享有对物的孳息的请求权，这种请求权并非绝对权。[①] 基于限制物权在各自内容上的差异，除了不具有转让性的、旨在“收取物的收益”（《德国民法典》第1030条）的用益权[②]之外，限制物权还包括地役权（《德国民法典》第1018条以下）和限制的人役权（beschränken persönliche Dienstbarkeit）以及居住权

① 参见［德］迪特尔·施瓦布：《民法导论》，郑冲译，法律出版社2006年版，第238页以下。

② 处在《德国民法典》物权法编第四章“役权”第2节“用益权”中的第1030条第1款规定：“某物可以以因设定负担而受利益的人有收取该物的用益的权利的方式，被设定负担（用益权）。”同时，该章第1节为“地役权”。参见陈卫佐译注：《德国民法典》（第四版），法律出版社2015年版，第370页以下。如无特别说明，德国民法典的中文翻译均来自此译本。

（Wohnungsrecht，《德国民法典》第 1093 条）。[①] 可见，德国法上用益权的定位与我国的用益物权概念（《民法典》第 323 条）和以农地承包、城市国有土地利用、住宅利用为核心的用益物权体系（第 324 条），并不相同。特别地，我国农村宅基地使用权原则上不得“自由”交易，除非是本农民集体内小范围地发生变动，常见者如本村村民之间基于房屋交易而产生宅基地使用权的转让。

其次，宅基地仅能用于村民建房之特定目的，也使得第三人通常需以使用、占有农房为前提而占用宅基地。实践中因租赁等使用房屋而事实上占有宅基地之情形，与“国有土地使用权出租”原理完全相同。在新《土地管理法》已明确认可集体经营性建设用地使用权出让和出租（第 10、63 条）之时，根据类推适用规则，承认“宅基地使用权出租”,[②] 不仅不存在法体系障碍，而且也能丰富集体建设用地使用权的利用类型，因此第三人取得的权利应定位为债权。

再次，传统民法之地上权概念使房屋和土地本身分属不同权利主体，土地上之建筑物等存在与否，不影响（普通）地上权成立，即便地上物灭失，地上权人仍可继续使用土地,[③] 其虽可在逻辑上解决非集体成员受让农房的正当性，但房地一体的现实使得此种方案的优势并不明显，且难以在体系上与国有建设用地使用权相协调。相反，以有偿使用方式赋予非成员“宅基地

---

① 参见［德］鲍尔·施蒂尔纳：《德国物权法》（上册），张双根译，法律出版社 2004 年版，第 42 页以下。

② 相反观点认为，租赁权模式并非宅基地“三权分置”，参见董新辉：《新中国 70 年农村宅基地使用权流转：制度变迁、现实困境、改革方向》，《中国农村经济》2019 年第 9 期，但此种观点值得商榷。从《土地管理法》第 63 条“集体经营性建设用地，……可以通过出让、出租等方式交由单位或者个人使用”（第 1 款）、“集体建设用地使用权的出让及其最高年限、转让、互换、出资、赠与、抵押等，参照同类用途的国有建设用地执行”（第 4 款）的有关规定来看，出让或出租等只是集体建设用地的不同利用方式，使用权人就集体土地本身取得相应权利（物权或债权），集体经营性建设用地权人自可将集体土地（连同其上的建筑物）出租。此时物权人（出租人）并未将其用益物权转让，但承租人却可基于租赁合同的债权效力而利用（占有）集体土地。

③ 参见王泽鉴：《民法物权》（第二版），北京大学出版社 2010 年版，第 283 页。我国大陆地区不同观点认为，在房屋和宅基地分属不同主体，比如抵押权实现时，应认为房屋取得人就宅基地成立租赁关系，参见彭诚信、陈吉栋：《农村房屋抵押权实现的法律障碍之克服——“房地一致”原则的排除适用》，《吉林大学社会科学学报》2014 年第 4 期，第 44 页。

使用权”，并剥离属于村民成员权的其他内容，仍不违背宅基地服务于本集体（成员）建房需求之制度初衷。复次，在我国已实行城镇房地一体登记和颁发统一不动产权属证书、政府正加快推进农村“房地一体”确权登记发证工作的情况下，[①] 若再将房地分列，改革成本难免增大。

最后，从试点地区经验来看，浏阳市虽正在探索宅基地“三权分置”的不动产登记模式，[②] 但仍未向作为城市居民的合作建房者单独颁发“使用权证”。[③] 德清县侧重于纯粹宅基地使用权的财产性，允许资格权人在一定期限内将宅基地使用权转让或出租，其架构为“所有权＋农户资格权＋宅基地使用权”。试点地区对于非集体成员因合作建房、租赁农房而占用宅基地之权利的性质，认识并不一致。不过，鉴于该第三人通常将农房（宅基地）用于自己居住或经营活动（比如，发展乡村民宿产业或者农家乐），则将此种权利一概称为“宅基地经营权”难谓妥当。而根据经营或居住的不同目的，将其区分为集体经营性建设用地使用权和宅基地法定租赁权之立场，[④] 则又明显忽视了当今实施乡村振兴战略背景下农宅居住—经营的复合利用形式。因此，倒不如根据新型经营主体利用农房之法律性质统一称为宅基地租赁权，故农村宅基地“三权分置”的权利架构应为“宅基地所有权＋宅基地使用权＋宅基地租赁权”。

农村宅基地“三权分置”的关键在于，扩充宅基地使用权应有的支配权能。事实上，赋予宅基地使用权人相当的处分权能，不仅契合宅基地使用权作为用益物权的内在原理，而且对于解决宅基地（农房）闲置、提高农民收入，具有积极意义。用益物权本就赋予权利人对他人的物享有占有、使用和收益的权利（《民法典》第323条），作为用益物权的宅基地使用权

---

① 自然资源部于2019年7月30日发布的《关于政协十三届全国委员会第二次会议第3300号（资源环境类186号）提案答复的函（摘要）》明确提到，自然资源部门正积极推进农村房地一体确权登记工作。

② 参见2019年9月20日公布的《湖南省人民政府办公厅印发〈关于全面压缩不动产登记办理时间的实施方案〉的通知》（湘政办发〔2019〕47号）的“二、主要任务”部分。

③ 参见李玉楼：《浏阳“土改”试点4年：宅基地可卖给外村人，城市人能与农民合作建房》，《南方周末》2019年10月23日报道。

④ 参见韩松：《宅基地立法政策与宅基地使用权制度改革》，《法学研究》2019年第6期，第70页。

设立后，物权人在法律限定之内通常也可以利用该物权获取收益。虽然第152条字面上只涉及对宅基地的“占有和使用”，但解释上此“使用”权能应包含“收益”,[①] 即只要法律未作特别规定，宅基地使用权人以合法方式利用土地并获得一定收益，理应被认可。非集体成员从农户手中获得宅基地占有，从事观光旅游、民宿产业等经营活动，不仅构成农房租赁，在房地一体原则下，还同时成立宅基地租赁，而农户仍维持与农民集体的物权关系。存在疑问的是，此时新型经营主体是否同时还与宅基地所有权人形成某种法律关系呢，比如宅基地租赁关系？就此问题，国有土地上的房屋租赁关系可作为分析的范本。用益物权人在国有土地上建设并保有建筑物之后，自然能够将其出租，此时租赁人只与建筑物所有权人（即用益物权人）形成房屋租赁关系，而与所有权人通常不形成法律关系。原因在于，用益物权人之所以被称为限制物权人是基于他能够获得对物权客体的支配力，并且能够排斥原所有权人在物之上的意志力。此时，基于用益物权原理，所有权人对物的控制，隐而不现，物权归属的功能也已经屈服于使用、利用或收益的功能。

现行法基于宅基地之居住保障功能的考虑,[②] 原则上禁止将其作为抵押财产（《民法典》第399条第2项），有关政策也禁止城镇居民购买宅基地或农房，实际上限制了宅基地使用权人利用宅基地的具体方式，而国务院2015年8月发布的《关于开展承包土地经营权和农民住房财产权抵押贷款试点的指导意见》提出，宅基地使用权应与农房一并抵押，可以视为承认村民宅基地使用权权能的扩张。最近的政策支持农民采取自营、出租、入股等方式盘活利用闲置宅基地（住宅）,[③] 事实上正是赋予权利人对宅基地的支配权能。从当前改革试点经验来看，德清县允许“资格权人”将宅基地使用权连同房

---

① 相反观点认为，基于宅基地政策仍维持居住保障功能，不应当赋予宅基地使用权收益（对外转让或抵押）权能，参见韩松：《宅基地立法政策与宅基地使用权制度改革》，《法学研究》2019年第6期，第82页及以下。

② 参见全国人大常委会法制工作委员会民法室编：《中华人民共和国物权法条文说明、立法理由及相关规定》（第二版），北京大学出版社2017年版，第319页。

③ 参见农业农村部2019年9月30日印发的《关于积极稳妥开展农村闲置宅基地和闲置住宅盘活利用工作的通知》。

屋在一定期限内抵押、出租或转让，强化了宅基地使用权的财产功能,[①] 浏阳市允许村民利用闲置农房发展乡村民宿，农民收入得到提高。[②]

① 2018年6月28日印发的《德清县农村宅基地管理办法（试行)》第35条、第37－40条。

② 参见黄利飞:《农村“土改”，浏阳“试”出了什么》，载《湖南日报》2018年7月16日第03版。

第六章　民法典时代农村宅基地的规范配置

农村宅基地既属土地利用的具体形态，自然受《土地管理法》关于用途管制的约束，故严格保护耕地、不得改变土地用途等公法性质的规定也构成宅基地利用的重要内容。宅基地使用权虽游走于物权法领域（《民法典》物权编第十三章），但实践中长期以来却主要借助《土地管理法》的相关规定理解其存在，并据之对农村村民建房及耕地保护进行管理。不过，针对农村宅基地“三权分置”的具体规则和模式，2019 年《土地管理法》修法者基于试点“尚未形成可复制、可推广的制度经验，……‘三权分置’的具体界定、相关权利的实现方式等还未形成共识”，未予规定，立法机关嗣后的审议也未再考虑。① 另一方面，就私法规则供给而言，《民法典》略显简陋的四则规范，导致历来受土地政策影响较大的宅基地制度难以发挥物权人自由支配标的物的效果。实际上，《民法典物权编草案（二审稿）》《民法典》沿袭原《物权法》的做法，虽显务实却难谓妥当，也未正面回应农村宅基地“三权分置”的政策要求。一方面，实体法上宅基地使用权有其自身内容，对于如何设立、行使，如何用于融资等，私法（物权法）均应予以明确；另一方

① 参见陆昊：《关于〈中华人民共和国土地管理法〉、〈中华人民共和国城市房地产管理法〉修正案（草案）的说明——2018 年 12 月 23 日在第十三届全国人民代表大会常务委员会第七次会议上》；胡可明：《全国人民代表大会宪法和法律委员会关于〈中华人民共和国土地管理法〉、〈中华人民共和国城市房地产管理法〉修正案（草案）修改情况的汇报——2019 年 6 月 25 日在第十三届全国人民代表大会常务委员会第十一次会议上》。

面，土地用途管制之下，宅基地利用受公法管制因素明显，因此，宅基地使用权制度应从私法（自治法）和管制法两个维度进行规范配置。

第一节　《民法典》物权编应当配置宅基地利用的实体规范

宅基地使用权既为农民安身立命之所，又属用益物权（《民法典》第362条），其内容和行使应在《民法典》物权编明确规定，以贯彻物权法定原则和切实保护农民权益。

第一，如果说原《物权法》第153条将宅基地使用权交由《土地管理法》调整，属权宜之计，[①] 那么在宅基地利益日益凸显、用益物权体系逐渐完善之际，《民法典物权编草案（二审稿）》仍延续固有模式，则难谓合理。在其他类型的用益物权的基本内容均被后者规定，尤其是承包地“三权分置”也被吸收的情况下（《民法典物权编草案（二审稿）》第134条之一以下），更无理由不在《民法典》物权编中设置宅基地使用权的一般规则。

第二，《民法典》物权编的架构中，宅基地使用权仍属用益物权（《民法典物权编草案（二审稿）》第155条、《民法典》第362条），其虽——与农地承包一样——受政策因素影响明显，而《土地管理法》也才完成修正，但这些因素均难以成为阻碍宅基地使用权一般规则应在《民法典》物权编进行规定的理由。相反，这不仅是“总—分”立法模式下用益物权的体系化要求，而且对于权利本身的得丧变更也极为重要。以宅基地使用权的消灭为例，1986年《土地管理法》颁布之前，江西省萍乡市颁发的“集体土地使用证”就载明，[②] 农民买卖、出租或转让宅基地的，可由集体收回土地，并对当事

① 参见全国人大常委会法制工作委员会民法室编：《中华人民共和国物权法条文说明、立法理由及相关规定》（第二版），北京大学出版社2017年版，第321页。

② 参见陈卿媛：《老屋遭邻居凭假协议拆除兄妹索赔78万元一审被驳回》，红星新闻2019年11月18日的报道，转引自https：//www. thepaper. cn/newsDetail_ forward_ 4985850，2019年12月12日最后访问。报道中展示的、由江西省萍乡市上栗区人民政府于1985年9月30日颁发的《宅基地使用证》内页的“须知”部分明确写到，若社员擅自转让宅基地，“土地收归国家或集体”。

人处以罚款。此种宅基地只能用于本集体成员建房而不得转让的政策思想，自《土地管理法》颁布后一直被重申并坚持至今。然而，实践中村民在本集体内部转让宅基地，农民集体却从未提前收回宅基地（使用权），更未实施罚款。由于上述收回承包地的措施非属“法律”规定的内容，实践中更难以操作，事实上并未有效抑制“超标占用”宅基地或农民私下“转让”宅基地（使用权）的现象。因此，时至今日，必须对宅基地使用权消灭确立一般规则，并明确权利的内容和行使，而不能单单依靠政府的简单命令。在将宅基地使用权定位于基于法律行为而设立的立场下，《民法典》物权编明确宅基地使用权变动的规则，无疑有利于厘清村民的权利边界，客观上也有助于实现“一户一宅”“面积法定”的目标。

第三，自2015年农村宅基地试点改革以来，农房抵押、盘活利用闲置宅基地（农房）等方面已取得有益经验，有必要将其体现为立法成果。但是，在《土地管理法》完成修正、却未涉及宅基地“三权分置”内容之时，《民法典物权编草案（二审稿）》第156条（对应《民法典》第363条）仍规定宅基地使用权适用“土地管理的法律”之引致条款，显然已不敷使用。即使目前农业农村部正推进《农村宅基地使用条例》的制定，[①] 但从该规范性文件名称来看，难以将其归入“法律”的范畴（相反，宅基地使用权属民事基本制度，应由法律调整［《立法法》第8条］），除非将其作为行政法规，否则宅基地制度改革成果仍难以在法律中得到体现。因此，较为便宜且合适的方案是，直接在《民法典》物权编中就宅基地使用权的取得、内容等进行规定，并就农村宅基地“三权分置”确立一般规则，加强宅基地利用的顶层设计，以全面体现农村宅基地改革的成果。比如，以农房抵押时，应就宅基地使用权一并处分，而宅基地租赁权的内容，可参照适用承包地“三权分置”中土地经营权的规则（《农村土地承包法》第47条）。不过，由于《民法典》刚实施不久，不可能也没必要进行修改，从而较为便宜的选择，就只能是借

① 参见农业农村部于2019年8月16日公布的《对十三届全国人大二次会议第8424号建议的答复》，该答复称将会同有关部门，继续深化宅基地改革试点，探索宅基地有偿使用和自愿有偿退出方式，完善宅基地制度，载农业农村部网，http：//www. moa. gov. cn/gk/tzgg_ 1/tz/201908/t20190816_ 6322724. htm，2019年12月18日最后访问。

助正在制定的《农村宅基地使用条例》，确立和体现上述农村宅基地使用权的私法规则。

第二节　《土地管理法》应侧重于宅基地利用的管制要求

依本书观点，《土地管理法》仍将在实质上发挥对农村宅基地的调整作用，但侧重的是管理—审批核准宅基地用地等公法事项，而非该用益物权本身。事实上，对于村民申请分配建房用地，《民法典》物权编和《土地管理法》等管制法原本就具有不同分工，即便在公私法日趋融合趋势下，[①]《土地管理法》（以及《土地管理法实施条例》）仍有独立地位，[②] 其主要涉及宅基地使用权的设立与土地利用总体规划的关系、农民建房用地如何办理审批、土地用途管制以及违法占地建房的行政责任等，[③] 其无意通常也难以涉及宅基地使用权设立方式等实体法内容。

《土地管理法》第 62 条第 3 款规定："农村村民建住宅，应当符合乡（镇）土地利用总体规划、村庄规划，不得占用永久基本农田，……"可见，村民申请分配宅基地建房的，首先应符合土地利用总体规划和村庄规划，不得占用永久基本农田。其次，在控制建设用地总量的要求下，农民建造自有住宅也必须遵守本区域建设用地利用年度计划，且住房用地应得到乡（镇）人民政府批准（第 62 条第 4 款），即，以完成行政审批作为村民申请分配宅基地、取得宅基地使用权的前置条件。

另一方面，农村村民住宅建设，除"按照村庄和集镇规划，合理布局""符合乡（镇）土地利用总体规划和土地利用年度计划"（《土地管理法》第

① 参见徐涤宇、胡东海等：《物权法领域公私法接轨问题研究》，北京大学出版社 2016 年版，第 47 页。

② 不同观点，参见潘佳：《自然资源使用权限制的法规范属性辨析》，《政治与法律》2019 年第 6 期。

③ 参见杨合庆主编：《中华人民共和国土地管理法释义》，法律出版社 2020 年版，第 116 页；魏莉华：《新〈土地管理法实施条例〉释义》，中国大地出版社 2021 年版，第 216－217 页。

59条、62条第3款）外，还应当遵循同法第62条第1款“一户一宅”和“面积法定”的（管理性）强制性规定。如何理解“一户只能拥有一处宅基地”[①] 对于理解宅基地使用权具有重要意义。1988年《土地管理法》首次就农村村民建房用地确立了强制性规定：“农村居民建住宅使用土地，不得超过省、自治区、直辖市规定的标准。”（第38条第3款）。1998年修订时新增的内容，形成了现行《土地管理法》第62条“一户一宅”“面积法定”的格局。

然而，尽管确立了双重审批（1998年《土地管理法》第62条第3款）和用途管制，但“超标占用”宅基地的非常态利用现象在过去的二十年内并未得到有效遏制。其根本原因在于，《土地管理法》“一户只能拥有一处住宅”“面积法定”之规定，均侧重建房用地的行政管理，且只针对宅基地分配，却未明确宅基地使用权在实体法上应如何设立、权能几何，即便在原《物权法》实施后，此等内容仍付之阙如。换言之，宅基地使用权内容在实体法上的缺失，加剧了宅基地非常态利用现象。实践中一旦出现“超标占用”宅基地，政策文件亦多强调不予确权登记或要求补交税费，却未直接否定超标部分的宅基地使用权，因此占用人对超标部分通常只承担道德风险，某种程度上间接鼓励了民众多占宅基地的心理。就上述规范的性质而言，其并非禁止意义上的权能规范，不追求行为的无效，而应属强制意义上的行为规范，违者将产生具体“责任”问题[②]。即违反该第62条第1款，构成“超标占用”宅基地者，不影响权利人对于“超标宅基地部分”取得宅基地使用权，但对“超标部分”宅基地应纳入有偿使用范围：占有人对超标部分应承担补交耕地占用税（《耕地占用税法》第7条第3款）和按标准支付土地使用费的责任。这不仅契合第62条严格控制宅基地使用面积的立法精神，还能壮大集体经济组织，凸显所有权人的利益分配。从试点经验来看，大多试点地区对“一户多宅”或超过法定面积的宅基地部分进行收费。事实上，在对

① 参见刘露：《解释论视角下宅基地使用权的继承性研究》，《华东政法大学学报》2019年第1期，第136页。

② 参见苏永钦：《从动态法规范体系的角度看公私法的调和——以民法的转介条款和宪法的整合机制为中心》，载苏永钦著：《寻找新民法》（增订版），北京大学出版社2012年版，第323页。

农村宅基地超标部分实行有偿使用之时，一并确立村民有偿退出超标占用宅基地的做法，对盘活闲置宅基地也具有积极意义。①

同时，按农用地、建设用地和未利用地的区分，《土地管理法》实行土地用途管制（第4条）、严格限制农用地转为建设用地（第44条），其在国土空间开发中的地位日渐清晰。按中央部署，我国将构建国土空间规划体系，实现“多规合一”，未来的《国土空间开发保护法》② 将与《土地管理法》《城乡规划法》等公法一起构成宅基地使用权行使的管制法体系，前者是就“一定区域国土空间开发保护在空间和时间上作出的安排”进行规范，从而“形成以国土空间规划为基础，以统一用途管制为手段的国土空间开发保护制度”，而《土地管理法》则主要具有用地审批、土地用途管制等管制功能。依《土地管理法》第62条第4款，村民住宅用地由乡（镇）人民政府审核批准。

在试点地区的地方性文件中，对农民取得宅基地使用权通常确立了“村集体同意＋镇政府审批”的模式，③ 并规定对有偿使用宅基地收取的费用实行专款专用。质言之，试点地区文件将宅基地管理作为重点内容，这与新《土地管理法》侧重土地用途管控、完善用地审批程序等要求相吻合。事实上，根据建立统一的国土空间规划体系的要求（《土地管理法》第18条），土地用途管制将更为严格。比如广西壮族自治区提出，④ 要以国土空间规划为依据，对所有国土空间分类实施用途管制，并对城镇开发边界外的建设，实行“详细规划＋规划许可”和“约束指标＋分区准入”的管制方式。

---

① 参见邵兴全：《农村宅基地三权分置初探——以成都区郫都区为例》，《现代经济信息》2018年第22期，第482页；张立峰：《挂牌出让成都宅基地成了香饽饽》，载《四川农民日报》2019年5月22日第03版。

② 参见2019年5月23日印发的《中共中央、国务院关于建立国土空间规划体系并监督实施的若干意见》“四、法规政策与技术保障”之“（十六）完善法规政策体系”部分。

③ 参见《德清县农村宅基地管理办法（试行）》第20、25条，《浏阳市农村宅基地使用权流转管理办法（试行）》。

④ 参见2019年8月2日广西壮族自治区党委、广西壮族自治区人民政府印发的《广西建立国土空间规划体系并监督实施的实施方案》“二、主要任务”之“（九）健全用途管制制度”。地方其他类似要求者，参见江苏省委办公厅2019年10月25日印发的《关于建立全省国土空间规划体系并监督实施的意见》“四、加强规划实施监督”之“（十六）健全用途管制制度”部分。

《土地管理法》还主要涉及违法用地行为的行政处罚措施。比如没收违法所得、限期拆除或没收建筑物（第74条）、罚款（第75、81条）等。需要注意的是，某些行政处罚措施常与私法效果相关联。依《土地管理法》第78条，村民未经批准或骗取批准，非法占用土地建造住宅，农业农村部门可“责令退还非法占有的土地”和限期拆除新建房屋，此二者均属行政处罚无疑。然而，谓“非法”者，仅指未经批准或骗取批准本身，故村民以其耕地建房，亦受该条规制。就前项行政措施，应区分村民所“占用土地”的类型——未利用地、他人的土地还是自己的土地，就私法层面而言，应考察向谁“退还”土地？若占用他人土地，村民占地建房的事实构成无权占有，物权人可请求无权占有人原物返还（《民法典》第235条），与上述第78条衔接。相反，若建房用地原系行为人的承包地，由于土地属集体所有，则不存在非法建房人向自己（土地承包经营权人）退还的可能性。唯一结论就是行为人应向土地所有权人退还该幅土地，从而产生消灭原土地承包经营权的效力。在体系上，《土地管理法》第78条应与同法第77条一并理解：后者专门针对将农用地改为建设用地的“非法”占用土地行为，自然资源部门有权责令行为人“退还非法占用的土地”（第1款前半段）。由于此时土地通常已被征收，故受领人应为土地所有权人，即农民集体。

此外，根据《土地管理法》第45条，不仅行为人应当“退还非法占用的土地”，还规定限期拆除或者没收在非法占用土地上新建的房屋，而对于行为人倘若还修建了游泳池等建筑物，能否同样适用第45条？宪法学有观点提出该规定存在字面违宪的质疑，[①] 但这仍属于法律解释的范畴。

综上，原《物权法》的立法懈怠现象不应延续，立法者将具有重大利益导向的农村宅基地使用权制度，交由特别法调整并不合理[②]。在《土地管理法》完成修正之际，《民法典》物权编应基于其自身在法体系上的功能定位，

---

① 参见杜强强：《法律违宪的类型区分与合宪性解释的功能分配》，《法学家》2021年第1期，第70页以下。

② 参见朱岩：《“宅基地使用权”评释——评〈物权法草案〉第十三章》，《中外法学》2006年第1期，第88页。

配置宅基地使用权的一般性规范，比如宅基地使用权的取得、转让、消灭或恢复，以及宅基地“三权分置”下各权利的产生方式、权利架构和内容等，构建宅基地立法的基本轮廓。与此同时，以《土地管理法》为基础的公法规范群则更应注重于宅基地审批程序、国土空间规划、集体土地征收和违法占用宅基地的行政处罚措施等，以形成完整的体系。

第三节　承包地规范配置模式的制度反射

与承包地调整模式相类似，宅基地利用不仅适用作为自治法/一般法的《民法典》物权编，还受作为管制法的《土地管理法》调整。此种模式与我国农地利用的规范配置类似。就承包地利用而言，2018 年修正的《农村土地承包法》作为特别法不但规定了农地二元承包[①]和农户的土地承包经营权（第 3、34 条），而且着重确立了农地“三权分置”（第 9、36、46、47 条）。作为回应，之后的《民法典物权编草案（二审稿）》还就土地经营权的产生方式、设立以及权能等承包地“三权分置”设置了一般规定（第 134 条之一、之二、之三）。[②] 而《民法典》物权编第 340、341 条对其权利内容、取得等确立的法律规则，虽因修法原因，不够完整，但两部法律的立法目的是明确的，并在保护承包土地上之各有关权利人（包括物权人）这一点上达成高度一致。[③] 相反，同为集体土地上之用益物权类型的宅基地使用权，却未在《民法典物权编草案（二审稿）》和《民法典》中对其如何设立、行使等配置一般（权能）规范。尽管集体经济组织成员/农村村民在承包地和宅基地上取得的权利类型存在差异，但物权人对土地的支配

---

① 参见滕佳一：《承包地利用的守成与突破——以土地经营权法律地位的检讨为中心》，《交大法学》2021 年第 1 期。

② 参见高圣平：《土地承包经营权制度与民法典物权编编纂——评〈民法典物权编（草案二次审议稿）〉》，《法商研究》2019 年第 6 期。

③ 比如修正后的《农村土地承包法》立法目的之一，就是维护农村土地承包经营各有关当事人的合法权益，故该法详细规定包括土地经营权人权利在内的有关规则。参见黄薇主编：《中华人民共和国农村土地承包法释义》，法律出版社 2019 年版，第 14 页。

关系具有相似性，即原则上均基于本集体经济组织成员身份取得集体土地的利用。在现行法兼用自治法和管制法调整承包地利用的规范配置模式下，宅基地立法及农民宅基地权益更不应当仅仅依靠作为管制法的《土地管理法》，而应参照承包地立法模式。在《民法典》物权编中明确规定宅基地使用权的基本私法规范，并落实农村宅基地“三权分置”。由此，亦可避免部门规章或行政规章就宅基地使用权设立、行使等内容作出“越俎代庖”的规定，以贯彻物权法定原则，切实保护农户的宅基地使用权及农民房屋财产权益。

我国农村实践中主要通过向农户无偿分配集体土地（宅基地），满足农民建房用地需求。《民法典》物权编应吸取两轮宅基地改革试点地区的有益经验，明确规定宅基地使用权设立的两种方式：除继续执行建设用地增减挂钩政策外，原则上应坚持只向本集体经济组织成员分配宅基地的做法，并允许非集体经济组织成员可以有偿方式取得。特别地，应规定特定条件下的有偿使用和自愿有偿退出（消灭）制度，以应对宅基地利用的非常态现象。所谓宅基地所有权、农户资格权和宅基地使用权的“三权分置”模式，不具有法规范意义。宅基地资格权无法作为独立的私法权利类型，农村村民建房用地需求，应当通过充实集体土地所有权权能的方式予以保障。保护农户基于集体成员身份对宅基地享有的利益，必须经由宅基地使用权的具体设置才能实现。

同时，适度放活宅基地使用权（和农房所有权），则主要在“房地一体”原则下获得法律上意义。即在坚持宅基地集体所有的基础上，探索其他主体（新型经营主体）如何利用闲置宅基地（农房），而受让方就宅基地所取得的权利应定位为债权。

总之，为应对农村“超标使用”宅基地的问题，宜结合历史事实和行政管理规范进行分类分级进行处理。并且，私法实体规范的设置对于宅基地上的各种权利义务确定，具有不可替代的体系价值。农村宅基地利用既受公法上用途管制、土地利用总体规划（国土空间规划）和行政审批之约束，不能逾越我国社会主义的土地公有制，又得基于宅基地使用权之用益物权属性而赋予物权人一定支配权能，因此宅基地立法应从管制法与自治法两个维度进行规范配置。《民法典》物权编不能延续立法怠惰现象，而应就宅基地使用权配置一般性规则，还应就宅基地“三权分置”权利架构及其内容确立基本规则，从而与以《土地管理法》为代表的管制法形成体系分野，保障各类民事主体的利益。

附　录

全国人民代表大会常务委员会
关于修改《中华人民共和国农村土地承包法》的决定

（2018 年 12 月 29 日第十三届全国人民代表大会
常务委员会第七次会议通过）

第十三届全国人民代表大会常务委员会第七次会议决定对《中华人民共和国农村土地承包法》作如下修改：

一、将第一条修改为："为了巩固和完善以家庭承包经营为基础、统分结合的双层经营体制，保持农村土地承包关系稳定并长久不变，维护农村土地承包经营当事人的合法权益，促进农业、农村经济发展和农村社会和谐稳定，根据宪法，制定本法。"

二、增加一条，作为第九条："承包方承包土地后，享有土地承包经营权，可以自己经营，也可以保留土地承包权，流转其承包地的土地经营权，由他人经营。"

三、将第十条修改为："国家保护承包方依法、自愿、有偿流转土地经营权，保护土地经营权人的合法权益，任何组织和个人不得侵犯。"

四、将第八条改为第十一条，修改为："农村土地承包经营应当遵守法律、法规，保护土地资源的合理开发和可持续利用。未经依法批准不得将承包地用于非农建设。

国家鼓励增加对土地的投入，培肥地力，提高农业生产能力。”

五、将第十一条改为第十二条，修改为：“国务院农业农村、林业和草原主管部门分别依照国务院规定的职责负责全国农村土地承包经营及承包经营合同管理的指导。

县级以上地方人民政府农业农村、林业和草原等主管部门分别依照各自职责，负责本行政区域内农村土地承包经营及承包经营合同管理。

乡（镇）人民政府负责本行政区域内农村土地承包经营及承包经营合同管理。”

六、将第十五条改为第十六条，增加一款，作为第二款：“农户内家庭成员依法平等享有承包土地的各项权益。”

七、将第十六条改为第十七条，修改为：“承包方享有下列权利：

（一）依法享有承包地使用、收益的权利，有权自主组织生产经营和处置产品；

（二）依法互换、转让土地承包经营权；

（三）依法流转土地经营权；

（四）承包地被依法征收、征用、占用的，有权依法获得相应的补偿；

（五）法律、行政法规规定的其他权利。”

八、将第十七条改为第十八条，第一项修改为：“维持土地的农业用途，未经依法批准不得用于非农建设。”

九、将第二十条改为第二十一条，修改为：“耕地的承包期为三十年。草地的承包期为三十年至五十年。林地的承包期为三十年至七十年。

前款规定的耕地承包期届满后再延长三十年，草地、林地承包期届满后依照前款规定相应延长。”

十、将第二十三条改为第二十四条，修改为：“国家对耕地、林地和草地等实行统一登记，登记机构应当向承包方颁发土地承包经营权证或者林权证等证书，并登记造册，确认土地承包经营权。

土地承包经营权证或者林权证等证书应当将具有土地承包经营权的全部家庭成员列入。

登记机构除按规定收取证书工本费外，不得收取其他费用。”

十一、将第二章第四节的标题修改为：“土地承包经营权的保护和互换、转让。”

十二、将第二十六条改为第二十七条，第二款、第三款修改为：“国家保护进城农户的土地承包经营权。不得以退出土地承包经营权作为农户进城落户的条件。

承包期内，承包农户进城落户的，引导支持其按照自愿有偿原则依法在本集体经济组织内转让土地承包经营权或者将承包地交回发包方，也可以鼓励其流转土地经营权。”

十三、将第二十七条改为第二十八条，第二款中的“农业等行政主管部门”修改为“农业农村、林业和草原等主管部门”。

十四、将第二十八条改为第二十九条，第三项修改为：“发包方依法收回和承包方依法、自愿交回的。”

十五、将第二十九条改为第三十条，修改为：“承包期内，承包方可以自愿将承包地交回发包方。承包方自愿交回承包地的，可以获得合理补偿，但是应当提前半年以书面形式通知发包方。承包方在承包期内交回承包地的，在承包期内不得再要求承包土地。”

十六、将第四十条改为第三十三条，修改为：“承包方之间为方便耕种或者各自需要，可以对属于同一集体经济组织的土地的土地承包经营权进行互换，并向发包方备案。”

十七、将第四十一条改为第三十四条，修改为：“经发包方同意，承包方可以将全部或者部分的土地承包经营权转让给本集体经济组织的其他农户，由该农户同发包方确立新的承包关系，原承包方与发包方在该土地上的承包关系即行终止。”

十八、将第三十八条改为第三十五条，修改为：“土地承包经营权互换、转让的，当事人可以向登记机构申请登记。未经登记，不得对抗善意第三人。”

十九、将第二章第五节的标题修改为：“土地经营权。”

二十、将第三十二条和第三十四条合并为第三十六条，修改为：“承包方可以自主决定依法采取出租（转包）、入股或者其他方式向他人流转土地经营权，并向发包方备案。”

二十一、增加一条，作为第三十七条：“土地经营权人有权在合同约定的期限内占有农村土地，自主开展农业生产经营并取得收益。”

二十二、将第三十三条改为第三十八条，修改为：“土地经营权流转应当遵循以下原则：

（一）依法、自愿、有偿，任何组织和个人不得强迫或者阻碍土地经营权流转；

（二）不得改变土地所有权的性质和土地的农业用途，不得破坏农业综合生产能力和农业生态环境；

（三）流转期限不得超过承包期的剩余期限；

（四）受让方须有农业经营能力或者资质；

（五）在同等条件下，本集体经济组织成员享有优先权。”

二十三、将第三十六条改为第三十九条，修改为：“土地经营权流转的价款，应当由当事人双方协商确定。流转的收益归承包方所有，任何组织和个人不得擅自截留、扣缴。”

二十四、将第三十七条和第三十九条第二款合并为第四十条，修改为：“土地经营权流转，当事人双方应当签订书面流转合同。

土地经营权流转合同一般包括以下条款：

（一）双方当事人的姓名、住所；

（二）流转土地的名称、坐落、面积、质量等级；

（三）流转期限和起止日期；

（四）流转土地的用途；

（五）双方当事人的权利和义务；

（六）流转价款及支付方式；

（七）土地被依法征收、征用、占用时有关补偿费的归属；

（八）违约责任。

承包方将土地交由他人代耕不超过一年的，可以不签订书面合同。”

二十五、增加一条，作为第四十一条：“土地经营权流转期限为五年以上的，当事人可以向登记机构申请土地经营权登记。未经登记，不得对抗善意第三人。”

二十六、增加一条，作为第四十二条：“承包方不得单方解除土地经营权流转合同，但受让方有下列情形之一的除外：

（一）擅自改变土地的农业用途；

（二）弃耕抛荒连续两年以上；

（三）给土地造成严重损害或者严重破坏土地生态环境；

（四）其他严重违约行为。”

二十七、增加一条，作为第四十三条：“经承包方同意，受让方可以依法投资改良土壤，建设农业生产附属、配套设施，并按照合同约定对其投资部分获得合理补偿。”

二十八、将第三十九条第一款改为第四十四条，修改为：“承包方流转土地经营权的，其与发包方的承包关系不变。”

二十九、增加一条，作为第四十五条：“县级以上地方人民政府应当建立工商企业等社会资本通过流转取得土地经营权的资格审查、项目审核和风险防范制度。

工商企业等社会资本通过流转取得土地经营权的，本集体经济组织可以收取适量管理费用。

具体办法由国务院农业农村、林业和草原主管部门规定。”

三十、增加一条，作为第四十六条：“经承包方书面同意，并向本集体经济组织备案，受让方可以再流转土地经营权。”

三十一、增加一条，作为第四十七条：“承包方可以用承包地的土地经营权向金融机构融资担保，并向发包方备案。受让方通过流转取得的土地经营权，经承包方书面同意并向发包方备案，可以向金融机构融资担保。

担保物权自融资担保合同生效时设立。当事人可以向登记机构申请登记；未经登记，不得对抗善意第三人。

实现担保物权时，担保物权人有权就土地经营权优先受偿。

土地经营权融资担保办法由国务院有关部门规定。”

三十二、将第四十五条改为第四十九条，修改为：“以其他方式承包农村土地的，应当签订承包合同，承包方取得土地经营权。当事人的权利和义务、承包期限等，由双方协商确定。以招标、拍卖方式承包的，承包费通过公开竞标、竞价确定；以公开协商等方式承包的，承包费由双方议定。”

三十三、将第四十六条改为第五十条，第一款修改为：“荒山、荒沟、荒丘、荒滩等可以直接通过招标、拍卖、公开协商等方式实行承包经营，也可以将土地经营权折股分给本集体经济组织成员后，再实行承包经营或者股份合作经营。”

三十四、将第四十七条改为第五十一条，修改为：“以其他方式承包农村土地，在同等条件下，本集体经济组织成员有权优先承包。”

三十五、将第四十九条改为第五十三条，修改为：“通过招标、拍卖、公开协商等方式承包农村土地，经依法登记取得权属证书的，可以依法采取出租、入股、抵押或者其他方式流转土地经营权。”

三十六、将第五十条改为第五十四条，修改为：“依照本章规定通过招标、拍卖、公开协商等方式取得土地经营权的，该承包人死亡，其应得的承包收益，依照继承法的规定继承；在承包期内，其继承人可以继续承包。”

三十七、将第五十三条改为第五十六条，修改为：“任何组织和个人侵害土地承包经营权、土地经营权的，应当承担民事责任。”

三十八、将第五十四条改为第五十七条，修改为：“发包方有下列行为之一的，应当承担停止侵害、排除妨碍、消除危险、返还财产、恢复原状、赔偿损失等民事责任：

（一）干涉承包方依法享有的生产经营自主权；

（二）违反本法规定收回、调整承包地；

（三）强迫或者阻碍承包方进行土地承包经营权的互换、转让或者土地经营权流转；

（四）假借少数服从多数强迫承包方放弃或者变更土地承包经营权；

（五）以划分“口粮田”和“责任田”等为由收回承包地搞招标承包；

（六）将承包地收回抵顶欠款；

（七）剥夺、侵害妇女依法享有的土地承包经营权；

（八）其他侵害土地承包经营权的行为。”

三十九、将第五十六条改为第五十九条，修改为：“当事人一方不履行合同义务或者履行义务不符合约定的，应当依法承担违约责任。”

四十、将第五十七条改为第六十条，修改为：“任何组织和个人强迫进行土地承包经营权互换、转让或者土地经营权流转的，该互换、转让或者流转无效。”

四十一、将第五十八条改为第六十一条，修改为：“任何组织和个人擅自截留、扣缴土地承包经营权互换、转让或者土地经营权流转收益的，应当退还。”

四十二、将第六十条改为第六十三条，修改为：“承包方、土地经营权人违法将承包地用于非农建设的，由县级以上地方人民政府有关主管部门依法予以处罚。

承包方给承包地造成永久性损害的，发包方有权制止，并有权要求赔偿由此造成的损失。”

四十三、增加一条，作为第六十四条：“土地经营权人擅自改变土地的农业用途、弃耕抛荒连续两年以上、给土地造成严重损害或者严重破坏土地生态环境，承包方在合理期限内不解除土地经营权流转合同的，发包方有权要求终止土地经营权流转合同。土地经营权人对土地和土地生态环境造成的损害应当予以赔偿。”

四十四、将第六十一条改为第六十五条，修改为：“国家机关及其工作人员有利用职权干涉农村土地承包经营，变更、解除承包经营合同，干涉承包经营当事人依法享有的生产经营自主权，强迫、阻碍承包经营当事人进行土地承包经营权互换、转让或者土地经营权流转等侵害土地承包经营权、土地经营权的行为，给承包经营当事人造成损失的，应当承担损害赔偿等责任；情节严重的，由上级机关或者所在单位给予直接责任人员处分；构成犯罪的，依法追究刑事责任。”

四十五、增加一条，作为第六十九条：“确认农村集体经济组织成员身份的原则、程序等，由法律、法规规定。”

四十六、删去第四条第一款、第三十五条、第四十二条、第四十三条、

第五十二条。

本决定自 2019 年 1 月 1 日起施行。

《中华人民共和国农村土地承包法》根据本决定作相应修改并对条款顺序作相应调整，重新公布。

中华人民共和国农村土地承包法

（2002 年 8 月 29 日第九届全国人民代表大会常务委员会第二十九次会议通过　2002 年 8 月 29 日中华人民共和国主席令第七十三号公布　根据 2009 年 8 月 27 日第十一届全国人民代表大会常务委员会第十次会议《关于修改部分法律的决定》第一次修正　根据 2018 年 12 月 29 日第十三届全国人民代表大会常务委员会第七次会议《关于修改〈中华人民共和国农村土地承包法〉的决定》第二次修正）

目　　录

第一章　总　　则

第一条　为了巩固和完善以家庭承包经营为基础、统分结合的双层经营体制，保持农村土地承包关系稳定并长久不变，维护农村土地承包经营当事人的合法权益，促进农业、农村经济发展和农村社会和谐稳定，根据宪法，制定本法。

第二条　本法所称农村土地，是指农民集体所有和国家所有依法由农民集体使用的耕地、林地、草地，以及其他依法用于农业的土地。

第三条　国家实行农村土地承包经营制度。

农村土地承包采取农村集体经济组织内部的家庭承包方式，不宜采取家庭承包方式的荒山、荒沟、荒丘、荒滩等农村土地，可以采取招标、拍卖、公开协商等方式承包。

第四条　农村土地承包后，土地的所有权性质不变。承包地不得买卖。

第五条　农村集体经济组织成员有权依法承包由本集体经济组织发包的农村土地。

任何组织和个人不得剥夺和非法限制农村集体经济组织成员承包土地的权利。

第六条　农村土地承包，妇女与男子享有平等的权利。承包中应当保护妇女的合法权益，任何组织和个人不得剥夺、侵害妇女应当享有的土地承包经营权。

第七条　农村土地承包应当坚持公开、公平、公正的原则，正确处理国家、集体、个人三者的利益关系。

第八条　国家保护集体土地所有者的合法权益，保护承包方的土地承包经营权，任何组织和个人不得侵犯。

第九条　承包方承包土地后，享有土地承包经营权，可以自己经营，也可以保留土地承包权，流转其承包地的土地经营权，由他人经营。

第十条　国家保护承包方依法、自愿、有偿流转土地经营权，保护土地经营权人的合法权益，任何组织和个人不得侵犯。

第十一条　农村土地承包经营应当遵守法律、法规，保护土地资源的合理开发和可持续利用。未经依法批准不得将承包地用于非农建设。

国家鼓励增加对土地的投入，培肥地力，提高农业生产能力。

第十二条　国务院农业农村、林业和草原主管部门分别依照国务院规定的职责负责全国农村土地承包经营及承包经营合同管理的指导。

县级以上地方人民政府农业农村、林业和草原等主管部门分别依照各自职责，负责本行政区域内农村土地承包经营及承包经营合同管理。

乡（镇）人民政府负责本行政区域内农村土地承包经营及承包经营合同管理。

第二章　家庭承包

第一节　发包方和承包方的权利和义务

第十三条　农民集体所有的土地依法属于村农民集体所有的，由村集体经济组织或者村民委员会发包；已经分别属于村内两个以上农村集体经济组织的农民集体所有的，由村内各该农村集体经济组织或者村民小组发包。村集体经济组织或者村民委员会发包的，不得改变村内各集体经济组织农民集体所有的土地的所有权。

国家所有依法由农民集体使用的农村土地，由使用该土地的农村集体经济组织、村民委员会或者村民小组发包。

第十四条　发包方享有下列权利：

（一）发包本集体所有的或者国家所有依法由本集体使用的农村土地；

（二）监督承包方依照承包合同约定的用途合理利用和保护土地；

（三）制止承包方损害承包地和农业资源的行为；

（四）法律、行政法规规定的其他权利。

第十五条　发包方承担下列义务：

（一）维护承包方的土地承包经营权，不得非法变更、解除承包合同；

（二）尊重承包方的生产经营自主权，不得干涉承包方依法进行正常的生产经营活动；

（三）依照承包合同约定为承包方提供生产、技术、信息等服务；

（四）执行县、乡（镇）土地利用总体规划，组织本集体经济组织内的农业基础设施建设；

（五）法律、行政法规规定的其他义务。

第十六条　家庭承包的承包方是本集体经济组织的农户。

农户内家庭成员依法平等享有承包土地的各项权益。

第十七条　承包方享有下列权利：

（一）依法享有承包地使用、收益的权利，有权自主组织生产经营和处置产品；

（二）依法互换、转让土地承包经营权；

（三）依法流转土地经营权；

（四）承包地被依法征收、征用、占用的，有权依法获得相应的补偿；

（五）法律、行政法规规定的其他权利。

第十八条　承包方承担下列义务：

（一）维持土地的农业用途，未经依法批准不得用于非农建设；

（二）依法保护和合理利用土地，不得给土地造成永久性损害；

（三）法律、行政法规规定的其他义务。

第二节　承包的原则和程序

第十九条　土地承包应当遵循以下原则：

（一）按照规定统一组织承包时，本集体经济组织成员依法平等地行使承包土地的权利，也可以自愿放弃承包土地的权利；

（二）民主协商，公平合理；

（三）承包方案应当按照本法第十三条的规定，依法经本集体经济组织成员的村民会议三分之二以上成员或者三分之二以上村民代表的同意；

（四）承包程序合法。

第二十条　土地承包应当按照以下程序进行：

（一）本集体经济组织成员的村民会议选举产生承包工作小组；

（二）承包工作小组依照法律、法规的规定拟订并公布承包方案；

（三）依法召开本集体经济组织成员的村民会议，讨论通过承包方案；

（四）公开组织实施承包方案；

（五）签订承包合同。

第三节　承包期限和承包合同

第二十一条　耕地的承包期为三十年。草地的承包期为三十年至五十年。林地的承包期为三十年至七十年。

前款规定的耕地承包期届满后再延长三十年，草地、林地承包期届满后依照前款规定相应延长。

第二十二条　发包方应当与承包方签订书面承包合同。

承包合同一般包括以下条款：

（一）发包方、承包方的名称，发包方负责人和承包方代表的姓名、住所；

（二）承包土地的名称、坐落、面积、质量等级；

（三）承包期限和起止日期；

（四）承包土地的用途；

（五）发包方和承包方的权利和义务；

（六）违约责任。

第二十三条　承包合同自成立之日起生效。承包方自承包合同生效时取得土地承包经营权。

第二十四条　国家对耕地、林地和草地等实行统一登记，登记机构应当向承包方颁发土地承包经营权证或者林权证等证书，并登记造册，确认土地承包经营权。

土地承包经营权证或者林权证等证书应当将具有土地承包经营权的全部家庭成员列入。

登记机构除按规定收取证书工本费外，不得收取其他费用。

第二十五条　承包合同生效后，发包方不得因承办人或者负责人的变动而变更或者解除，也不得因集体经济组织的分立或者合并而变更或者解除。

第二十六条　国家机关及其工作人员不得利用职权干涉农村土地承包或者变更、解除承包合同。

第四节　土地承包经营权的保护和互换、转让

第二十七条　承包期内，发包方不得收回承包地。

国家保护进城农户的土地承包经营权。不得以退出土地承包经营权作为农户进城落户的条件。

承包期内，承包农户进城落户的，引导支持其按照自愿有偿原则依法在本集体经济组织内转让土地承包经营权或者将承包地交回发包方，也可以鼓励其流转土地经营权。

承包期内，承包方交回承包地或者发包方依法收回承包地时，承包方对其在承包地上投入而提高土地生产能力的，有权获得相应的补偿。

第二十八条　承包期内，发包方不得调整承包地。

承包期内，因自然灾害严重毁损承包地等特殊情形对个别农户之间承包的耕地和草地需要适当调整的，必须经本集体经济组织成员的村民会议三分之二以上成员或者三分之二以上村民代表的同意，并报乡（镇）人民政府和县级人民政府农业农村、林业和草原等主管部门批准。承包合同中约定不得调整的，按照其约定。

第二十九条　下列土地应当用于调整承包土地或者承包给新增人口：

（一）集体经济组织依法预留的机动地；

（二）通过依法开垦等方式增加的；

（三）发包方依法收回和承包方依法、自愿交回的。

第三十条　承包期内，承包方可以自愿将承包地交回发包方。承包方自愿交回承包地的，可以获得合理补偿，但是应当提前半年以书面形式通知发包方。承包方在承包期内交回承包地的，在承包期内不得再要求承包土地。

第三十一条　承包期内，妇女结婚，在新居住地未取得承包地的，发包方不得收回其原承包地；妇女离婚或者丧偶，仍在原居住地生活或者不在原居住地生活但在新居住地未取得承包地的，发包方不得收回其原承包地。

第三十二条　承包人应得的承包收益，依照继承法的规定继承。

林地承包的承包人死亡，其继承人可以在承包期内继续承包。

第三十三条　承包方之间为方便耕种或者各自需要，可以对属于同一集体经济组织的土地的土地承包经营权进行互换，并向发包方备案。

第三十四条　经发包方同意，承包方可以将全部或者部分的土地承包经营权转让给本集体经济组织的其他农户，由该农户同发包方确立新的承包关系，原承包方与发包方在该土地上的承包关系即行终止。

第三十五条　土地承包经营权互换、转让的，当事人可以向登记机构申请登记。未经登记，不得对抗善意第三人。

第五节　土地经营权

第三十六条　承包方可以自主决定依法采取出租（转包）、入股或者其他方式向他人流转土地经营权，并向发包方备案。

第三十七条　土地经营权人有权在合同约定的期限内占有农村土地，自主开展农业生产经营并取得收益。

第三十八条　土地经营权流转应当遵循以下原则：

（一）依法、自愿、有偿，任何组织和个人不得强迫或者阻碍土地经营权流转；

（二）不得改变土地所有权的性质和土地的农业用途，不得破坏农业综合生产能力和农业生态环境；

（三）流转期限不得超过承包期的剩余期限；

（四）受让方须有农业经营能力或者资质；

（五）在同等条件下，本集体经济组织成员享有优先权。

第三十九条　土地经营权流转的价款，应当由当事人双方协商确定。流转的收益归承包方所有，任何组织和个人不得擅自截留、扣缴。

第四十条　土地经营权流转，当事人双方应当签订书面流转合同。

土地经营权流转合同一般包括以下条款：

（一）双方当事人的姓名、住所；

（二）流转土地的名称、坐落、面积、质量等级；

（三）流转期限和起止日期；

（四）流转土地的用途；

（五）双方当事人的权利和义务；

（六）流转价款及支付方式；

（七）土地被依法征收、征用、占用时有关补偿费的归属；

（八）违约责任。

承包方将土地交由他人代耕不超过一年的，可以不签订书面合同。

第四十一条　土地经营权流转期限为五年以上的，当事人可以向登记机构申请土地经营权登记。未经登记，不得对抗善意第三人。

第四十二条　承包方不得单方解除土地经营权流转合同，但受让方有下列情形之一的除外：

（一）擅自改变土地的农业用途；

（二）弃耕抛荒连续两年以上；

（三）给土地造成严重损害或者严重破坏土地生态环境；

（四）其他严重违约行为。

第四十三条　经承包方同意，受让方可以依法投资改良土壤，建设农业生产附属、配套设施，并按照合同约定对其投资部分获得合理补偿。

第四十四条　承包方流转土地经营权的，其与发包方的承包关系不变。

第四十五条　县级以上地方人民政府应当建立工商企业等社会资本通过流转取得土地经营权的资格审查、项目审核和风险防范制度。

工商企业等社会资本通过流转取得土地经营权的，本集体经济组织可以收取适量管理费用。

具体办法由国务院农业农村、林业和草原主管部门规定。

第四十六条　经承包方书面同意，并向本集体经济组织备案，受让方可以再流转土地经营权。

第四十七条　承包方可以用承包地的土地经营权向金融机构融资担保，并向发包方备案。受让方通过流转取得的土地经营权，经承包方书面同意并向发包方备案，可以向金融机构融资担保。

担保物权自融资担保合同生效时设立。当事人可以向登记机构申请登记；未经登记，不得对抗善意第三人。

实现担保物权时，担保物权人有权就土地经营权优先受偿。

土地经营权融资担保办法由国务院有关部门规定。

第三章　其他方式的承包

第四十八条　不宜采取家庭承包方式的荒山、荒沟、荒丘、荒滩等农村土地，通过招标、拍卖、公开协商等方式承包的，适用本章规定。

第四十九条　以其他方式承包农村土地的，应当签订承包合同，承包方取得土地经营权。当事人的权利和义务、承包期限等，由双方协商确定。以招标、拍卖方式承包的，承包费通过公开竞标、竞价确定；以公开协商等方式承包的，承包费由双方议定。

第五十条　荒山、荒沟、荒丘、荒滩等可以直接通过招标、拍卖、公开协商等方式实行承包经营，也可以将土地经营权折股分给本集体经济组织成员后，再实行承包经营或者股份合作经营。

承包荒山、荒沟、荒丘、荒滩的，应当遵守有关法律、行政法规的规定，防止水土流失，保护生态环境。

第五十一条　以其他方式承包农村土地，在同等条件下，本集体经济组织成员有权优先承包。

第五十二条　发包方将农村土地发包给本集体经济组织以外的单位或者个人承包，应当事先经本集体经济组织成员的村民会议三分之二以上成员或者三分之二以上村民代表的同意，并报乡（镇）人民政府批准。

由本集体经济组织以外的单位或者个人承包的，应当对承包方的资信情况和经营能力进行审查后，再签订承包合同。

第五十三条　通过招标、拍卖、公开协商等方式承包农村土地，经依法登记取得权属证书的，可以依法采取出租、入股、抵押或者其他方式流转土地经营权。

第五十四条　依照本章规定通过招标、拍卖、公开协商等方式取得土地经营权的，该承包人死亡，其应得的承包收益，依照继承法的规定继承；在承包期内，其继承人可以继续承包。

第四章　争议的解决和法律责任

第五十五条　因土地承包经营发生纠纷的，双方当事人可以通过协商解决，也可以请求村民委员会、乡（镇）人民政府等调解解决。

当事人不愿协商、调解或者协商、调解不成的，可以向农村土地承包仲裁机构申请仲裁，也可以直接向人民法院起诉。

第五十六条　任何组织和个人侵害土地承包经营权、土地经营权的，应当承担民事责任。

第五十七条　发包方有下列行为之一的，应当承担停止侵害、排除妨碍、消除危险、返还财产、恢复原状、赔偿损失等民事责任：

（一）干涉承包方依法享有的生产经营自主权；

（二）违反本法规定收回、调整承包地；

（三）强迫或者阻碍承包方进行土地承包经营权的互换、转让或者土地经营权流转；

（四）假借少数服从多数强迫承包方放弃或者变更土地承包经营权；

（五）以划分“口粮田”和“责任田”等为由收回承包地搞招标承包；

（六）将承包地收回抵顶欠款；

（七）剥夺、侵害妇女依法享有的土地承包经营权；

（八）其他侵害土地承包经营权的行为。

第五十八条　承包合同中违背承包方意愿或者违反法律、行政法规有关不得收回、调整承包地等强制性规定的约定无效。

第五十九条　当事人一方不履行合同义务或者履行义务不符合约定的，应当依法承担违约责任。

第六十条　任何组织和个人强迫进行土地承包经营权互换、转让或者土地经营权流转的，该互换、转让或者流转无效。

第六十一条　任何组织和个人擅自截留、扣缴土地承包经营权互换、转让或者土地经营权流转收益的，应当退还。

第六十二条　违反土地管理法规，非法征收、征用、占用土地或者贪污、挪用土地征收、征用补偿费用，构成犯罪的，依法追究刑事责任；造成他人损害的，应当承担损害赔偿等责任。

第六十三条　承包方、土地经营权人违法将承包地用于非农建设的，由县级以上地方人民政府有关主管部门依法予以处罚。

承包方给承包地造成永久性损害的，发包方有权制止，并有权要求赔偿由此造成的损失。

第六十四条　土地经营权人擅自改变土地的农业用途、弃耕抛荒连续两年以上、给土地造成严重损害或者严重破坏土地生态环境，承包方在合理期限内不解除土地经营权流转合同的，发包方有权要求终止土地经营权流转合同。土地经营权人对土地和土地生态环境造成的损害应当予以赔偿。

第六十五条　国家机关及其工作人员有利用职权干涉农村土地承包经营，变更、解除承包经营合同，干涉承包经营当事人依法享有的生产经营自主权，强迫、阻碍承包经营当事人进行土地承包经营权互换、转让或者土地经营权流转等侵害土地承包经营权、土地经营权的行为，给承包经营当事人造成损失的，应当承担损害赔偿等责任；情节严重的，由上级机关或者所在单位给予直接责任人员处分；构成犯罪的，依法追究刑事责任。

第五章　附　则

第六十六条　本法实施前已经按照国家有关农村土地承包的规定承包，包括承包期限长于本法规定的，本法实施后继续有效，不得重新承包土地。未向承包方颁发土地承包经营权证或者林权证等证书的，应当补发证书。

第六十七条　本法实施前已经预留机动地的，机动地面积不得超过本集体经济组织耕地总面积的百分之五。不足百分之五的，不得再增加机动地。

本法实施前未留机动地的，本法实施后不得再留机动地。

第六十八条　各省、自治区、直辖市人民代表大会常务委员会可以根据本法，结合本行政区域的实际情况，制定实施办法。

第六十九条　确认农村集体经济组织成员身份的原则、程序等，由法律、法规规定。

第七十条　本法自 2003 年 3 月 1 日起施行。

关于《中华人民共和国农村土地承包法修正案（草案）》的说明

——2017 年 10 月 31 日在第十二届全国人民代表大会常务委员会第三十次会议上

全国人大农业与农村委员会副主任委员　刘振伟

委员长、各位副委员长、秘书长、各位委员：

我受全国人大农业与农村委员会委托，就《中华人民共和国农村土地承包法修正案（草案）》的有关问题作说明。

一、修改农村土地承包法的必要性

实行以家庭承包经营为基础、统分结合的双层经营体制，是农村改革的重大成果，是我国宪法确立的农村基本经营制度。农村土地承包法自 2003 年施行以来，对稳定农村基本经营制度，赋予农民长期而有保障的土地承包经营权，增加农民收入，促进农业、农村经济健康发展和农村社会和谐稳定，发挥了重大作用。

党的十八大以来，以习近平同志为核心的党中央对稳定和完善农村基本经营制度、深化农村集体土地制度改革提出一系列方针政策。党的十九大报告明确提出第二轮土地承包到期后再延长三十年。从农业农村的现实情况看，随着富余劳动力转移到城镇就业，各类合作社、农业产业化龙头企业等新型经营主体大量涌现，土地流转面积不断扩大，规模化、集约化经营水平不断提升，呈现“家庭承包，多元经营”格局。农业产业化、水利化、机械化及科技进步等，都对完善农村生产关系提出新的要求。把实践检验行之有效的农村土地承包政策和成功经验及时转化为法律规范，是修改农村土地承包法首先要考虑的问题。适应农村生产力发展的新要求，稳定和完善适合国情的农村基本经营制度，是修改农村土地承包法的基本出发点。

2015 年，修改农村土地承包法列入第十二届全国人大常委会立法规划，由全国人大农业与农村委员会牵头，中央农办、农业部等部门参与。在修改过程中，农业与农村委员会作了广泛深入的调查研究，认真听取基层干部和农民群众的意见，先后多次征求31个省、自治区、直辖市和中央、国务院有关部门及专家的意见。在反复研究论证的基础上，形成了农村土地承包法修正案草案（以下简称草案）。

二、农村土地承包法修改的总体思路及主要内容

农村土地承包法修改的总体思路是：全面贯彻党的十八大、十九大和历次中央全会精神，围绕处理好农民和土地的关系这条主线，坚持农村基本经营制度不动摇，进一步赋予农民充分而有保障的土地权利，为提高农业农村现代化水平，推动实施乡村振兴战略和城乡融合发展，保持农村社会和谐稳定提供制度保障。

修改的主要内容是：

（一）关于“三权分置”

习近平总书记指出，“要在坚持农村土地集体所有的前提下，促使承包权和经营权分离，形成所有权、承包权、经营权三权分置，经营权流转的格局”。“三权分置”是继家庭联产承包责任制后农村改革又一重大制度创新。目前，农村已有30%以上的承包农户在流转承包地，流转面积4.79亿亩。为此，草案规定，以家庭承包方式取得的土地承包经营权在流转中分为土地承包权和土地经营权。同时，明确了土地承包权和土地经营权的权能。土地经营权流转后，为了加强对土地承包权的保护，草案规定，承包土地的经营权流转后，承包方与发包方的承包关系不变，承包方的土地承包权不变。（第三条、第二十二条）

为确保实行“三权分置”后不改变农地用途，草案规定，承包方连续两年以上弃耕抛荒承包地的，发包方可以收取一定的费用，用于土地耕作，连续三年以上弃耕抛荒承包地的，发包方可以依法定程序收回承包地，重新发包；土地经营权流转后第三方擅自改变承包地农业用途、弃耕抛荒两年以上、给承包地造成严重损害或者严重破坏承包地生态环境的，发包方或承包方有权要求终止土地经营权流转合同，收回土地经营权。（第二十二条、第二十

九条）

按照习近平总书记2016年4月25日在农村改革座谈会上关于“建立土地承包经营权登记制度”的精神，以及与民法总则、物权法、农业法等法律相衔接，草案保留了土地承包经营权概念。土地集体所有权与承包经营权是承包地处于未流转状态的一组权利，是两权分离。土地集体所有权与土地承包权、土地经营权是承包地处于流转状态的一组权利，是三权分置。

（二）关于稳定农村土地承包关系并长久不变

稳定农村土地承包关系并保持长久不变，有利于坚持和完善农村基本经营制度，坚持农村土地集体所有，坚持家庭经营基础性地位，坚持土地承包关系稳定，核心是维护农民土地权益。为此，草案规定，国家依法保护农村土地承包关系稳定并长久不变。为了给予农民稳定的土地承包经营预期，草案规定，耕地承包期届满后再延长三十年。（第一条、第六条）

（三）关于承包地的个别调整

实践中，对因各种特殊情形造成人地矛盾突出的问题，一些地方尊重大多数农民意愿，因地制宜，分类施策，在坚持稳定土地承包关系的基础上，妥善解决矛盾纠纷。为进一步规范对个别农户之间承包的耕地和草地的适当调整，草案划定了红线：必须坚持土地承包关系稳定、不得打乱重分的原则；必须经本集体经济组织成员的村民会议三分之二以上成员或者三分之二以上村民代表的同意，并报乡（镇）人民政府和县级人民政府农业等行政主管部门批准。鉴于各地情况差异较大，草案授权省、自治区、直辖市制定地方性法规具体规定。（第十条）

（四）关于土地经营权流转和融资担保

赋予第三方经营主体土地经营权，是完善农村基本经营制度的一个重要内容。草案规定，土地经营权可以依法采取出租（转包）、入股或者其他方式流转；第三方通过流转取得的土地经营权经承包方或其委托代理人书面同意，并向本集体经济组织备案后可以再流转。（第十六条、第十八条）

关于土地经营权的融资担保。规范性文件规定，土地承包经营权和土地经营权都可以向金融机构抵押担保融资。鉴于实践中抵押担保融资的情况复杂，操作方式多样，加之各方面对土地经营权的性质认识分歧较大，草案使用了“融资担保”的概念，包含了抵押和质押等多种情形，既解决农民向金融机构融资缺少有效担保物的问题，又保持了与担保法等法律规定的一致性。草案规定，承包方可以用承包土地经营权向金融机构融资担保。第三方通过流转取得的土地经营权，经承包方或其委托代理人书面同意，可以向金融机构融资担保。（第二十四条）

（五）关于土地经营权入股

为落实党的十八届三中全会提出的“允许农民以承包经营权入股发展农业产业化经营”的精神，草案增加了土地经营权可以入股从事农业产业化经营的规定。鉴于土地经营权入股发展农业产业化经营尚处于探索阶段，实践中的做法也不尽相同，为此，草案只作出原则性规定，具体可依实践发展需要再由行政法规规范。（第二十三条）

（六）关于维护进城务工和落户农民的土地承包权益

党的十八届五中全会决定提出，维护进城落户农民土地承包权、宅基地使用权、集体收益分配权，支持引导其依法自愿有偿转让上述权益。为此，草案删除了现行法律中关于承包方全家迁入设区的市，转为非农业户口的，应将承包地交回发包方的规定。鉴于城乡人口结构的变革是一个较长的历史过程，现阶段农民进城务工、落户的情况也十分复杂，按照中央关于推进农业转移人口市民化的要求，草案规定，维护进城务工农民的土地承包经营权，不得以退出土地承包权作为农民进城落户的条件，是否保留土地承包经营权，由农民选择而不代替农民选择。承包方全家迁入城镇落户，纳入城镇住房和社会保障体系，丧失农村集体经济组织成员身份的，支持引导其按照国家有关规定转让土地承包权益，为政策适时调整留出了空间。（第九条）

（七）关于保护农村妇女土地承包权益

为了更好地保护农村妇女的土地承包权益，借鉴一些地方开展土地承包经营权确权登记的做法，草案规定，土地承包经营权证或者林权证等证书应当将具有土地承包权的全部家庭成员列入，进一步明确了妇女应该享有的土地承包权益。（第七条）

还有一个问题需要说明。目前，一些地方按照尊重历史、兼顾现实、群众认可的原则，统筹考虑户籍、土地承包关系等因素，进行农村集体经济组织成员身份确定工作，解决成员边界不清的问题。鉴于土地承包经营权是农村集体经济组织成员的财产性权利，农村集体经济组织成员身份又是获得土地承包经营权的前提条件，为解决实践中的急迫需要并与草案第二条相衔接，草案规定，确认农村集体经济组织成员身份的原则、程序等，由法律、法规规定。(第三十一条)

此外，草案还就工商企业租赁农户承包地的准入和监管、建立承包地统一登记制度等作了规定，对法律责任等有关条款作了文字修改。

《中华人民共和国农村土地承包法修正案（草案)》及以上说明是否妥当，请予审议。

全国人民代表大会宪法和法律委员会关于《中华人民共和国农村土地承包法修正案（草案）》修改情况的汇报

——2018 年 10 月 22 日在第十三届全国人民代表大会常务委员会第六次会议上

全国人大宪法和法律委员会副主任委员　胡可明

全国人民代表大会常务委员会：

十二届常委会第三十次会议对农村土地承包法修正案（草案）进行了初次审议。会后，法制工作委员会将草案印发地方人大、中央有关部门、法学教学研究机构和有关社会团体征求意见，并在中国人大网全文公布草案征求社会公众意见。法制工作委员会还到安徽、贵州、浙江、江西等地进行调研，并就草案多次与农业与农村委员会、中央农村工作领导小组办公室、农业农村部、国家林业和草原局交换意见、共同研究。宪法和法律委员会于 10 月 9 日召开会议，根据常委会组成人员的审议意见和各方面意见，对草案进行了逐条审议。农业与农村委员会、中央农村工作领导小组办公室、农业农村部、国家林业和草原局的负责同志列席了会议。10 月 16 日，宪法和法律委员会召开会议，再次进行了审议。现将农村土地承包法修正案（草案）主要问题修改情况汇报如下：

一、落实“三权分置”改革要求

巩固和完善农村基本经营制度，深化农村土地制度改革，落实“三权分置”制度，是本次修改农村土地承包法的主要任务。在常委会初次审议和公开征求意见过程中，对草案有关“三权分置”的规定提出了一些意见，认为应当明晰“三权”的性质和相互关系，以便于理解和操作。宪法和法律委员会、法制工作委员会认真学习领会习近平总书记关于农业农村工作的重要论述，力求准确理解和把握党中央、国务院有关文件精神。宪法和法律委员会经研究认为，“三权分置”改革的核心问题是家庭承包的承包户在经营方式上发生转变，即由农户自己经营，转变为保留土地承包权，将承包地流转给他人经营，实现土地承包经营权和土地经营权的分离，农户保留土地承包权。据此，建议对草案作如下修改：一是明确农村集体经济组织成员承包土地后，享有土地承包经营权，可以自己经营，也可以保留土地承包权，流转其承包地的土地经营权，由他人经营。二是明确对土地经营权流转的保护，国家保护承包方依法、自愿、有偿流转土地经营权，保护土地经营权人的合法权益，任何组织和个人不得侵犯。三是明确土地经营权人的权利，土地经营权人有权在合同约定的期限内占有农村土地，自主开展农业生产经营并取得收益。四是明确土地经营权流转的内涵，包括明确土地经营权的流转方式、流转原则、流转价款、流转合同等具体程序和要求。

二、规定土地经营权的登记

推进“三权分置”改革，关键是要明确和保护经营主体通过流转合同取得的土地经营权，保障其经营预期。实践中，不同经营主体对土地经营权登记颁证的需求存在差异，有的经营者希望能通过登记的方式获得长期稳定的土地经营权，而有的短期经营者则认为没有必要办理登记。宪法和法律委员会经研究认为，有必要赋予土地经营当事人一定的选择权，通过建立土地经营权的登记颁证制度，合理平衡各方权利义务，同时，规范农户收回土地经营权的行为。据此，建议增加规定：“土地经营权流转期限为五年以上的，当事人可以向登记机构申请土地经营权登记。未经登记，不得对抗善意第三人。”同时，为避免承包方随意解除合同，建议增加规定，承包方不得单方解除土地经营权流转合同，但受让方有法定情形的除外。

三、土地经营权的融资担保制度

草案第二十四条规定，土地经营权可以向金融机构融资担保。有的常委委员和专家提出，土地经营权融资担保的登记及实现也需要予以明确。宪法和法律委员会经研究认为，通过赋予担保物权登记对抗效力，明确担保物权人在实现担保物权时有权以土地经营权优先受偿，有利于保护融资担保各方当事人的合法权益。建议增加两款规定：（1）“担保物权自融资担保合同生效时设立。当事人可以向登记机构申请登记；未经登记，不得对抗善意第三人。”（2）“实现担保物权时，担保物权人有权就土地经营权优先受偿。”

四、关于承包期延长

有的常委委员和一些地方、部门、社会公众提出，现行农村土地承包法对耕地、林地、草地的承包期都作了规定，但是草案只对耕地承包期届满后再延长三十年作了规定，建议对林地、草地承包期届满后延期的问题也应作出规定。宪法和法律委员会经研究认为，保持农村土地承包关系长期稳定，应当包括草地和林地的承包关系。建议增加规定：“草地、林地承包期届满后依照前款规定相应延长。”

五、规定“其他方式的承包”取得的权利为土地经营权

现行农村土地承包法第三章规定了其他方式（即家庭承包以外的方式）的承包，主要是承包“四荒地”。有的地方和专家提出，家庭承包具有生产经营性质，也具有社会保障性质，只有本集体经济组织成员才有权承包，取得土地承包经营权。“四荒地”承包不涉及社会保障因素，承包方不限于本集体经济组织成员，其取得的权利在性质上不同于土地承包经营权。宪法和法律委员会建议采纳这一意见，对有关规定修改为：以其他方式承包农村土地的，承包方取得土地经营权。

六、删去承包方弃耕抛荒的有关内容

草案第二十九条第三款规定，承包方连续两年以上弃耕抛荒承包地的、发包方可以收取一定的费用，用于土地耕作；连续三年以上弃耕抛荒承包地的，发包方可以依法定程序收回承包地，重新发包。有的常委委员和部门、地方、社会公众提出，实践中弃耕抛荒的原因比较复杂，发包方可以进行督促纠正，但收取费用应当收多少、怎么收，耕作收益归谁，会产生很多问题，强行收回承包地也不利于稳定承包关系，容易引发更多纠纷。宪法和法律委员会经研究，建议删去上述内容。

还有一个问题需要汇报。草案第十条对现行法律有关承包地调整的规定作了修改，草案规定，承包期内因特殊情形矛盾突出可以个别调整承包地，必须坚持土地承包关系稳定、不得打乱重分的原则，同时授权省、自治区、直辖市制定地方性法规作出具体规定。草案说明提出，实践中，对因各种特殊情形造成人地矛盾突出的问题，一些地方尊重大多数农民意愿，因地制宜，分类施策，在坚持稳定土地承包关系的基础上，妥善解决矛盾纠纷；鉴于各地情况差异较大，可以授权省、自治区、直辖市制定地方性法规具体规定。在草案征求意见过程中，一些地方、部门、单位、专家和社会公众提出，保持农村土地承包关系稳定并长久不变是我国农村土地制度的基本原则，农村土地确权登记工作刚完成，承包期内不宜轻易调整承包地；承包地调整问题政策性很强，多年来，中央在这个问题上的政策没有变化，由地方对此作具体规定是否妥当也值得研究，建议本次修法对现行法律有关调整承包地的规定不作修改。宪法和法律委员会经慎重研究认为，这个问题比较重大，建议对这个问题作进一步深入研究，草案的规定暂不作修改。

此外，还对草案作了一些文字修改。

修正案草案二次审议稿已按上述意见作了修改，宪法和法律委员会建议提请本次常委会会议继续审议。

修正案草案二次审议稿和以上汇报是否妥当，请审议。

全国人民代表大会宪法和法律委员会

2018 年 10 月 22 日

农村土地经营权流转管理办法

中华人民共和国农业农村部令

2021 年第 1 号

《农村土地经营权流转管理办法》已经农业农村部 2021 年第 1 次常务会议审议通过，现予发布，自 2021 年 3 月 1 日起施行。

部长　唐仁健

2021 年 1 月 26 日

第一章　总　　则

第一条　为了规范农村土地经营权（以下简称土地经营权）流转行为，保障流转当事人合法权益，加快农业农村现代化，维护农村社会和谐稳定，根据《中华人民共和国农村土地承包法》等法律及有关规定，制定本办法。

第二条　土地经营权流转应当坚持农村土地农民集体所有、农户家庭承包经营的基本制度，保持农村土地承包关系稳定并长久不变，遵循依法、自愿、有偿原则，任何组织和个人不得强迫或者阻碍承包方流转土地经营权。

第三条　土地经营权流转不得损害农村集体经济组织和利害关系人的合法权益，不得破坏农业综合生产能力和农业生态环境，不得改变承包土地的所有权性质及其农业用途，确保农地农用，优先用于粮食生产，制止耕地“非农化”、防止耕地“非粮化”。

第四条　土地经营权流转应当因地制宜、循序渐进，把握好流转、集中、规模经营的度，流转规模应当与城镇化进程和农村劳动力转移规模相适应，与农业科技进步和生产手段改进程度相适应，与农业社会化服务水平提高相适应，鼓励各地建立多种形式的土地经营权流转风险防范和保障机制。

第五条　农业农村部负责全国土地经营权流转及流转合同管理的指导。

县级以上地方人民政府农业农村主管（农村经营管理）部门依照职责，负责本行政区域内土地经营权流转及流转合同管理。

乡（镇）人民政府负责本行政区域内土地经营权流转及流转合同管理。

第二章 流转当事人

第六条 承包方在承包期限内有权依法自主决定土地经营权是否流转，以及流转对象、方式、期限等。

第七条 土地经营权流转收益归承包方所有，任何组织和个人不得擅自截留、扣缴。

第八条 承包方自愿委托发包方、中介组织或者他人流转其土地经营权的，应当由承包方出具流转委托书。委托书应当载明委托的事项、权限和期限等，并由委托人和受托人签字或者盖章。

没有承包方的书面委托，任何组织和个人无权以任何方式决定流转承包方的土地经营权。

第九条 土地经营权流转的受让方应当为具有农业经营能力或者资质的组织和个人。在同等条件下，本集体经济组织成员享有优先权。

第十条 土地经营权流转的方式、期限、价款和具体条件，由流转双方平等协商确定。流转期限届满后，受让方享有以同等条件优先续约的权利。

第十一条 受让方应当依照有关法律法规保护土地，禁止改变土地的农业用途。禁止闲置、荒芜耕地，禁止占用耕地建窑、建坟或者擅自在耕地上建房、挖砂、采石、采矿、取土等。禁止占用永久基本农田发展林果业和挖塘养鱼。

第十二条 受让方将流转取得的土地经营权再流转以及向金融机构融资担保的，应当事先取得承包方书面同意，并向发包方备案。

第十三条 经承包方同意，受让方依法投资改良土壤，建设农业生产附属、配套设施，及农业生产中直接用于作物种植和畜禽水产养殖设施的，土地经营权流转合同到期或者未到期由承包方依法提前收回承包土地时，受让方有权获得合理补偿。具体补偿办法可在土地经营权流转合同中约定或者由双方协商确定。

第三章 流转方式

第十四条 承包方可以采取出租（转包）、入股或者其他符合有关法律和国家政策规定的方式流转土地经营权。

出租（转包），是指承包方将部分或者全部土地经营权，租赁给他人从事农业生产经营。

入股，是指承包方将部分或者全部土地经营权作价出资，成为公司、合作经济组织等股东或者成员，并用于农业生产经营。

第十五条　承包方依法采取出租（转包）、入股或者其他方式将土地经营权部分或者全部流转的，承包方与发包方的承包关系不变，双方享有的权利和承担的义务不变。

第十六条　承包方自愿将土地经营权入股公司发展农业产业化经营的，可以采取优先股等方式降低承包方风险。公司解散时入股土地应当退回原承包方。

第四章　流转合同

第十七条　承包方流转土地经营权，应当与受让方在协商一致的基础上签订书面流转合同，并向发包方备案。

承包方将土地交由他人代耕不超过一年的，可以不签订书面合同。

第十八条　承包方委托发包方、中介组织或者他人流转土地经营权的，流转合同应当由承包方或者其书面委托的受托人签订。

第十九条　土地经营权流转合同一般包括以下内容：

（一）双方当事人的姓名或者名称、住所、联系方式等；

（二）流转土地的名称、四至、面积、质量等级、土地类型、地块代码等；

（三）流转的期限和起止日期；

（四）流转方式；

（五）流转土地的用途；

（六）双方当事人的权利和义务；

（七）流转价款或者股份分红，以及支付方式和支付时间；

（八）合同到期后地上附着物及相关设施的处理；

（九）土地被依法征收、征用、占用时有关补偿费的归属；

（十）违约责任。

土地经营权流转合同示范文本由农业农村部制定。

第二十条　承包方不得单方解除土地经营权流转合同，但受让方有下列情形之一的除外：

（一）擅自改变土地的农业用途；

（二）弃耕抛荒连续两年以上；

（三）给土地造成严重损害或者严重破坏土地生态环境；

（四）其他严重违约行为。

有以上情形，承包方在合理期限内不解除土地经营权流转合同的，发包方有权要求终止土地经营权流转合同。

受让方对土地和土地生态环境造成的损害应当依法予以赔偿。

第五章　流转管理

第二十一条　发包方对承包方流转土地经营权、受让方再流转土地经营权以及承包方、受让方利用土地经营权融资担保的，应当办理备案，并报告乡（镇）人民政府农村土地承包管理部门。

第二十二条　乡（镇）人民政府农村土地承包管理部门应当向达成流转意向的双方提供统一文本格式的流转合同，并指导签订。流转合同中有违反法律法规的，应当及时予以纠正。

第二十三条　乡（镇）人民政府农村土地承包管理部门应当建立土地经营权流转台账，及时准确记载流转情况。

第二十四条　乡（镇）人民政府农村土地承包管理部门应当对土地经营权流转有关文件、资料及流转合同等进行归档并妥善保管。

第二十五条　鼓励各地建立土地经营权流转市场或者农村产权交易市场。县级以上地方人民政府农业农村主管（农村经营管理）部门应当加强业务指导，督促其建立健全运行规则，规范开展土地经营权流转政策咨询、信息发布、合同签订、交易鉴证、权益评估、融资担保、档案管理等服务。

第二十六条　县级以上地方人民政府农业农村主管（农村经营管理）部门应当按照统一标准和技术规范建立国家、省、市、县等互联互通的农村土地承包信息应用平台，健全土地经营权流转合同网签制度，提升土地经营权流转规范化、信息化管理水平。

第二十七条　县级以上地方人民政府农业农村主管（农村经营管理）部门应当加强对乡（镇）人民政府农村土地承包管理部门工作的指导。乡（镇）人民政府农村土地承包管理部门应当依法开展土地经营权流转的指导和管理工作。

第二十八条　县级以上地方人民政府农业农村主管（农村经营管理）部门应当加强服务，鼓励受让方发展粮食生产；鼓励和引导工商企业等社会资本（包括法人、非法人组织或者自然人等）发展适合企业化经营的现代种养业。

县级以上地方人民政府农业农村主管（农村经营管理）部门应当根据自然经济条件、农村劳动力转移情况、农业机械化水平等因素，引导受让方发展适度规模经营，防止垒大户。

第二十九条　县级以上地方人民政府对工商企业等社会资本流转土地经营权，依法建立分级资格审查和项目审核制度。审查审核的一般程序如下：

（一）受让主体与承包方就流转面积、期限、价款等进行协商并签订流转意向协议书。涉及未承包到户集体土地等集体资源的，应当按照法定程序经本集体经济组织成员的村民会议三分之二以上成员或者三分之二以上村民代表的同意，并与集体经济组织签订流转意向协议书。

（二）受让主体按照分级审查审核规定，分别向乡（镇）人民政府农村土地承包管理部门或者县级以上地方人民政府农业农村主管（农村经营管理）部门提出申请，并提交流转意向协议书、农业经营能力或者资质证明、流转项目规划等相关材料。

（三）县级以上地方人民政府或者乡（镇）人民政府应当依法组织相关职能部门、农村集体经济组织代表、农民代表、专家等就土地用途、受让主体农业经营能力，以及经营项目是否符合粮食生产等产业规划等进行审查审核，并于受理之日起20个工作日内作出审查审核意见。

（四）审查审核通过的，受让主体与承包方签订土地经营权流转合同。未按规定提交审查审核申请或者审查审核未通过的，不得开展土地经营权流转活动。

第三十条　县级以上地方人民政府依法建立工商企业等社会资本通过流转取得土地经营权的风险防范制度，加强事中事后监管，及时查处纠正违法违规行为。

鼓励承包方和受让方在土地经营权流转市场或者农村产权交易市场公开交易。

对整村（组）土地经营权流转面积较大、涉及农户较多、经营风险较高的项目，流转双方可以协商设立风险保障金。

鼓励保险机构为土地经营权流转提供流转履约保证保险等多种形式保险服务。

第三十一条　农村集体经济组织为工商企业等社会资本流转土地经营权提供服务的，可以收取适量管理费用。收取管理费用的金额和方式应当由农村集体经济组织、承包方和工商企业等社会资本三方协商确定。管理费用应当纳入农村集体经济组织会计核算和财务管理，主要用于农田基本建设或者其他公益性支出。

第三十二条　县级以上地方人民政府可以根据本办法，结合本行政区域实际，制定工商企业等社会资本通过流转取得土地经营权的资格审查、项目审核和风险防范实施细则。

第三十三条　土地经营权流转发生争议或者纠纷的，当事人可以协商解决，也可以请求村民委员会、乡（镇）人民政府等进行调解。

当事人不愿意协商、调解或者协商、调解不成的，可以向农村土地承包仲裁机构申请仲裁，也可以直接向人民法院提起诉讼。

第六章　附　　则

第三十四条　本办法所称农村土地，是指除林地、草地以外的，农民集体所有和国家所有依法由农民集体使用的耕地和其他用于农业的土地。

本办法所称农村土地经营权流转，是指在承包方与发包方承包关系保持不变的前提下，承包方依法在一定期限内将土地经营权部分或者全部交由他人自主开展农业生产经营的行为。

第三十五条　通过招标、拍卖和公开协商等方式承包荒山、荒沟、荒丘、荒滩等农村土地，经依法登记取得权属证书的，可以流转土地经营权，其流转管理参照本办法执行。

第三十六条　本办法自 2021 年 3 月 1 日起施行。农业部 2005 年 1 月 19 日发布的《农村土地承包经营权流转管理办法》（农业部令第 47 号）同时废止。

参考文献

（一）著作类

［1］黄薇．中华人民共和国农村土地承包法释义［M］．北京：法律出版社，2019.

［2］黄薇．中华人民共和国民法典物权编解读［M］．北京：中国法制出版社，2020.

［3］黄薇．中华人民共和国民法典释义（上）总则编·物权编［M］．北京：法律出版社，2020.

［4］杨合庆．中华人民共和国土地管理法释义［M］．北京：法律出版社，2020.

［5］徐涤宇，张家勇．《中华人民共和国民法典》评注（精要版）［M］．北京：法律出版社，2022.

［6］冉克平．物权法总论［M］．北京：法律出版社，2015.

［7］高圣平．担保法前沿问题与判解研究：第四卷［M］．北京：人民法院出版社，2019.

［8］宋志红．中国农村土地制度改革研究［M］．北京：中国人民大学出版社，2017.

［9］最高人民法院民法典贯彻实施工作领导小组．中华人民共和国民法典物

权编理解与适用：下［M］. 北京：人民法院出版社，2020.
［10］渠涛，刘保玉，等. 物权法学的新发展［M］. 北京：中国社会科学出版社，2021.
［11］孙建伟. 城乡统筹视野下的城乡建设用地置换法律问题研究：以我国宅基地置换中的新型权利为视角［M］. 北京：法律出版社，2017.
［12］张坚. 农村土地承包经营权、宅基地使用权流转的实证分析与法律构造［M］. 北京：法律出版社，2016.
［13］蒋省三，刘守英，等. 中国土地政策改革：政策演进与地方实施［M］. 上海：上海三联书店出版社，2010.
［14］最高人民法院物权法研究小组.《中华人民共和国物权法》条文理解与适用［M］. 北京：人民法院出版社，2007.
［15］李适时. 中华人民共和国民法总则释义［M］. 北京：法律出版社，2017.
［16］王利明. 物权法研究：下册［M］. 北京：中国人民大学出版社，2016.
［17］杨代雄. 法律行为论［M］. 北京：北京大学出版社，2021.
［18］董学立. 中国动产担保物权法编纂研究［M］. 北京：法律出版社，2020.
［19］刘守英. 直面中国土地问题［M］. 北京：中国发展出版社，2014.
［20］李世刚. 法国担保法改革［M］. 北京：法律出版社，2011.
［21］谢在全. 民法物权论：下册［M］. 北京：中国政法大学出版社，2011.
［22］于海涌. 绝对物权行为理论与物权法律制度研究［M］. 北京：北京大学出版社，2006.
［23］高圣平，王天雁，等.《中华人民共和国农村土地承包法》条文理解与适用［M］. 北京：人民法院出版社，2019.
［24］崔建远. 物权法：第三版［M］. 北京：中国人民大学出版社，2014.
［25］崔建远. 物权：规范与学说——以中国物权法的解释论为中心：上下册［M］. 北京：清华大学出版社，2011.
［26］韩世远. 合同法总论：第四版［M］. 北京：法律出版社，2018.
［27］曹泮天. 宅基地使用权流转法律问题研究［M］. 北京：法律出版社，

2012.
［28］张永辉. 宅基地使用权制度研究——以新型城镇化为视角［M］. 北京：法律出版社，2021.
［29］崔文星. 中国农地物权制度论［M］. 北京：法律出版社，2009.
［30］孟勤国，等. 中国农村土地流转问题研究［M］. 北京：法律出版社，2009.
［31］孙宪忠. 中国物权法总论：第三版［M］. 北京：法律出版社，2014.
［32］孙宪忠. 论物权法［M］. 北京：法律出版社，2008.
［33］刘保玉. 物权体系论——中国物权法上的物权类型设计［M］. 北京：人民法院出版社，2004.
［34］尹田. 法国物权法［M］. 北京：法律出版社，2009.
［35］林来梵. 从宪法规范到规范宪法——规范宪法学的一种前言［M］. 北京：法律出版社，2001.
［36］丁文. 物权限制研究［M］. 北京：中国社会科学出版社，2008.
［37］全国人大常委会法制工作委员会民法室. 中华人民共和国物权法条文说明、立法理由及相关规定：第二版［M］. 北京：北京大学出版社，2017.
［38］程啸，高圣平，等. 最高人民法院新担保司法解释理解与适用［M］. 北京：法律出版社，2021.
［39］全国人大农业与农村委员会法案室. 农村土地承包法律制度研究［M］. 北京：中国法制出版社，2017.
［40］梁慧星. 中国民法典草案建议稿附理由·物权编［M］. 北京：法律出版社，2013.
［41］梁慧星，陈华彬. 物权法：第七版［M］. 北京：法律出版社，2020.
［42］梁慧星. 民法物权讲义［M］. 北京：法律出版社，2022.
［43］程啸. 担保物权研究［M］. 北京：中国人民大学出版社，2017.
［44］徐涤宇，胡东海，等. 物权法领域公私法接轨问题研究［M］. 北京：北京大学出版社，2016.
［45］李适时. 中华人民共和国民法总则释义［M］. 北京：法律出版社，

2017.
[46] 王利明. 中国民法典学者建议稿及立法理由 [M]. 北京：法律出版社，2005.
[47] 应星. 农户、集体与国家——国家与农民关系的六十年变迁 [M]. 北京：中国社会科学出版社，2014.
[48] 张五常. 中国的经济制度 [M]. 北京：中信出版社，2009.
[49] 王卫国. 中国土地权利研究 [M]. 北京：中国政法大学出版社，2003.
[50] 史尚宽. 物权法论 [M]. 北京：中国政法大学出版社，2000.
[51] 陈锡文，赵阳，等. 中国农村制度变迁 60 年 [M]. 北京：人民出版社，2009.
[52] 甘藏春. 社会转型与中国土地管理制度改革 [M]. 北京：中国发展出版社，2014.
[53] 邓小平选集：第三卷 [M]. 北京：人民出版社，1994.
[54] [德] 鲍尔，施蒂尔纳. 德国物权法：上册 [M]. 张双根，译. 北京：法律出版社，2004.
[55] [德] 鲍尔，施蒂尔纳. 德国物权法：下册 [M]. 申卫星，王洪亮，译. 北京：法律出版社，2006.
[56] [英] 梅因. 古代法 [M]. 沈景一，译. 北京：商务印书馆，2013.
[57] [法] 泰雷，森勒尔. 法国财产法：下 [M]. 罗结珍，译. 北京：中国法制出版社，2008.
[58] [意] 彼德罗·彭梵得. 罗马法教科书：修订版 [M]. 黄风，译. 北京：法律出版社，2015.
[59] S. Ciccarello, *Pegno* (*diritto privato*), in *Enciclopedia del diritto*, XXXII, Milano, 1982.
[60] A. Trabucchi, *Istituzioni di diritto civile*, 45° ed., Padova, 2012.
[61] F. Gazzoni, *Manuale di diritto privato*, 15° ed., Napoli, 2011.
[62] Rubino, *Il pegno*², in *Trattato di diritto civile italiano*, diretto da F. Vassalli, XIV, t. I, Torino, 1956.

（二）论文类

[1] 曹诗权，朱广新. 论土地承包经营权立法目标的建构［J］. 中国法学，2001（3）.
[2] 高圣平. 农村金融制度中的信贷担保物：困境与出路［J］. 金融研究，2009（2）.
[3] 陈小君.《民法典》物权编用益物权制度立法得失之我见［J］. 当代法学，2021（2）.
[4] 陈小君. 宅基地使用权的制度困局与破解之维［J］. 法学研究，2019（3）.
[5] 陈小君. 我国农村土地法律制度变革的思路与框架［J］. 法学研究，2014（4）.
[6] 陈小君. 土地经营权的性质及其法制实现路径［J］. 政治与法律，2018（8）.
[7] 韩松. 宅基地立法政策与宅基地使用权制度改革［J］. 法学研究，2019（6）.
[8] 宋志红. 乡村振兴背景下的宅基地权利制度重构［J］. 法学研究，2019（3）.
[9] 宋志红. 宅基地"三权分置"：从产权配置目标到立法实现［J］. 中国土地科学，2019（6）.
[10] 宋志红. 宅基地"三权分置"的法律内涵和制度设计［J］. 法学评论，2018（4）.
[11] 崔建远. 物权编对四种他物权制度的完善和发展［J］. 中国法学，2020（4）.
[12] 于飞. 从农村土地承包法到民法典物权编："三权分置"法律表达的完善［J］. 法学杂志，2020（2）.
[13] 龙俊. 民法典中的动产和权利担保体系［J］. 法学研究，2020（6）.
[14] 谢在全. 担保物权制度的成长与蜕变［J］. 法学家，2019（1）.

[15] 高圣平. 论我国农村土地权利结构的重构——以《农村土地承包法》的修改为中心 [J]. 法学，2018 (2).
[16] 高圣平. 农村土地承包法修改后的承包地法权配置 [J]. 法学研究，2019 (5).
[17] 高圣平. 民法典视野下农地融资担保规则的解释论 [J]. 广东社会科学，2020 (4).
[18] 高圣平. 新型农业经营体系下农地产权结构的法律逻辑 [J]. 法学研究，2014 (4).
[19] 高圣平. 宅基地制度改革与民法典物权编编纂——兼评《民法典物权编(草案二次审议稿)》[J]. 法学评论，2019 (4).
[20] 高圣平，吴昭军. 宅基地制度改革的试点总结与立法完善——以《土地管理法》修订为对象 [J]. 山东社会科学，2019 (8).
[21] 高飞. 土地承包权与土地经营权分设的法律反思及立法回应 [J]. 法商研究，2018 (3).
[22] 丁文. 论“三权分置”中的土地经营权 [J]. 清华法学，2018 (1).
[23] 蔡立东，姜楠. 承包权与经营权分置的法构造 [J]. 法学研究，2015 (3).
[24] 蔡立东，姜楠. 农地三权分置的法实现 [J]. 中国社会科学，2017 (5).
[25] 马俊驹等. 农村集体土地所有权的分解与保留——论农地“三权分置”的法律构造 [J]. 法律科学，2017 (3).
[26] 朱广新. 土地承包权与经营权分离的政策意蕴与法制完善 [J]. 法学，2015 (11).
[27] 刘保玉. 民法典物权编（草案）担保物权部分的修改建议 [J]. 法学杂志，2019 (3).
[28] 郭志京. 民法典视野下土地经营权的形成机制与体系结构 [J]. 法学家，2020 (6).
[29] 刘恒科. 宅基地“三权分置”的政策意蕴与制度实现 [J]. 法学家，2021 (5).

［30］温世扬，韩富，等．从“人役权”到“地上权”——宅基地使用权制度的再塑造［J］．华中师范大学学报（人文社会科学版），2019（2）．
［31］易军．“法不禁止皆自由”的私法精义［J］．中国社会科学，2014（4）．
［32］朱广新．论土地承包经营权的主体、期限和继承［J］．吉林大学社会科学学报，2014（4）．
［33］李俊．罗马法上的农地永久租赁及其双重影响［J］．环球法律评论，2017（4）．
［34］赵晓力．通过合同的治理——80 年代以来中国基层法院对农村承包合同的处理［J］．中国社会科学，2000（2）．
［35］陈甦．土地承包经营权物权化与农地使用权制度的建立［J］．中国法学，1996（3）．
［36］中国社会科学院法学研究所物权法研究课题组．制定中国物权法的基本思路［J］．法学研究，1995（3）．
［37］刘振伟．巩固和完善农村基本经营制度［J］．农村工作通讯，2019（1）．
［38］宋志红．集体经营性资产股份合作与农村集体经济组织之关系重构［J］．法学研究，2022（3）．
［39］宋志红．宅基地资格权：内涵、实践探索与制度构建［J］．法学评论，2021（1）．
［40］单平基．“三权分置”理论反思与土地承包经营权困境的解决路径［J］．法学，2016（9）．
［41］刘恒科．宅基地“三权分置”的政策意蕴与制度实现［J］．法学家，2021（5）．
［42］管洪彦．宅基地“三权分置”的权利结构与立法表达［J］．政法论丛，2021（3）．
［43］高海．宅基地“三权分置”的法律表达——以《德清办法》为主要分析样本［J］．现代法学，2020（3）．
［44］高海．宅基地使用权继承：案例解析与立法构造［J］．东方法学，2018

(5).
[45] 高海. 宅基地“三权分置”的法实现 [J]. 法学家, 2019 (4).
[46] 高海. 农村宅基地上房屋买卖司法实证研究 [J]. 法律科学, 2017 (4).
[47] 张淞纶. 房地分离：宅基地流转之钥——以宅基地使用权继承之困局为切入点 [J]. 浙江大学学报 (人文社会科学版), 2022 (1).
[48] 张建文, 李红玲. 宅基地使用权继承取得之否定——宅基地“法定租赁权”的解释路径 [J]. 河北法学, 2016 (12).
[49] 刘凯湘. 法定租赁权对农村宅基地制度改革的意义与构想 [J]. 法学论坛, 2010 (1).
[50] 谢潇. 民法典视阈内宅基地使用权继承规则之构造 [J]. 法学, 2022 (1).
[51] 刘露. 解释论视角下宅基地使用权的继承性研究 [J]. 华东政法大学学报, 2019 (1).
[52] 汪洋. “三块地”改革背景下宅基地使用权继承的制度重构 [J]. 河北法学, 2021 (10).
[53] 席志国. 论宅基地“三权”分置的法理基础及权利配置——以乡村矛盾预防与纠纷化解为视角 [J]. 行政管理改革, 2022 (3).
[54] 王毅, 王有强. 农村宅基地法定租赁权研究 [J]. 安徽农业大学学报 (社会科学版), 2018 (1).
[55] 曹益凤. 宅基地使用权继承的制度困境与出路选择 [J]. 农业经济问题, 2020 (3).
[56] 韩世远. 宅基地的立法问题——兼析物权法草案第十三章“宅基地使用权” [J]. 政治与法律, 2005 (5).
[57] 孙建伟. 宅基地“三权分置”中资格权、使用权定性辨析——兼与席志国副教授商榷 [J]. 政治与法律, 2019 (1).
[58] 梁慧星. 中国民法典编纂的几个问题 [J]. 山西大学学报 (哲学社会科学版), 2003 (5).

[59] 梁慧星. 制定中国物权法的若干问题 [J]. 法学研究，2000 (4).
[60] 郭明瑞. 关于宅基地使用权的立法建议 [J]. 法学论坛，2007 (1).
[61] 桂华，贺雪峰. 宅基地管理与物权法的适用限度 [J]. 法学研究，2014 (4).
[62] 姜红仁. 关于农村宅基地使用权继承的法律思考 [J]. 江西社会科学，2012 (2).
[63] 庄加园.《合同法》第79条（债权让与）评注 [J]. 法学家，2017 (3).
[64] 徐涤宇.《合同法》第80条（债权让与通知）评注 [J]. 法学家，2019 (1).
[65] 徐涤宇. 所有权的类型及其立法结构 [J]. 中外法学，2006 (1).
[66] 李宇. 民法典中债权让与和债权质押规范的统合 [J]. 法学研究，2019 (1).
[67] 朱虎. 债权转让中的受让人地位保障：民法典规则的体系整合 [J]. 法学家，2020 (4).
[68] 房绍坤. 论土地承包经营权抵押的制度构建 [J]. 法学家，2014 (2).
[69] 唐勇. 债权质权：物债二分体系下的“骑墙者” [J]. 中外法学，2013 (6).
[70] 陈本寒，黄念. 一般债权质押问题之探讨——兼评我国《物权法》（草案）相关条款之规定 [J]. 法学评论，2006 (4).

后　记

本书的完成可以视为作者对我国农村土地制度改革思考的阶段性总结。2015 年 12 月 27 日，随着《全国人大常委会关于授权国务院在北京市大兴区等 232 个试点县（市、区）、天津市蓟县等 59 个试点县（市、区）行政区域分别暂时调整实施有关法律规定的决定》的公布，以农村承包土地的经营权抵押和农民住房财产权（包括宅基地使用权）抵押为代表的农村土地改革制度正式拉开历史大幕。据此，自 2016 年开始，新一轮农村土地改革陆续进入地方实践。

必须承认，如果以 1984 年我国开始实行大规模家庭联产承包经营作为土地承包的起点，那么，三十年之后，原有的土地集体所有、农村村民（农户）承包经营的传统承包地利用模式，已经到了非改革不可的程度！改革开放带来我国经济社会发展，与此同时农村人口大规模向城镇的迁徙、流动对农村社会和农村土地制度产生了深刻影响。民法必须正面回答进城的“农民工”留在身后的承包地由谁耕种、如何耕种的问题。《农村土地承包法》在 2018 年的修正，是对我国既有农村土地承包制度的重大调整，体现了守成和创新的二重特征。

自古以来，我国农民一直依赖土地而生而死。陈忠实先生的《白鹿原》以史诗般笔触，生动描写了农村土地对于 20 世纪陕西白鹿原上的农民所具有的无可替代的意义。我的父辈和祖辈们世代生活在湖南山区的土地上，从越城岭的这一边到那一边，从未离开。遵从自然规律，奋力从土地里寻找生计、养活家人，是他们生命永恒的主题。所有的温暖、慰藉、留恋、埋怨和愤怒等情愫统统来自脚下的那片土地。于我而言，从民法角度研究先辈和街坊们耕种的农村土地所体现的法律关系及背后反映的权利结构，便有着别样的心情。

我从2008年夏天跟随业师徐涤宇教授学习民法，得窥私法之瑰丽和宏伟，实属幸运。徐先生学贯中西，通晓私法规则和历史，治学极为严谨，学术上常言世人之所未言。只是自己生性驽钝，亦恐忝列师门而学业不精，自2014年秋季归国之后虽努力追赶，但学术积累仍旧寂寥，不免心生惭愧——如今竟未达先生叮嘱之万一。至本书稿完成之际，由衷感谢徐先生多年来对我学习和研究的关心。先生美德高洁，每每简要提点、指导，常令我有醍醐灌顶之感。同时，我也从他向来秉持的严格科研要求中体会到学术职业的严肃和可贵。

不得不提的是，本书稿的写作过程伴随着新型冠状病毒肺炎疫情在国内及世界范围内的蔓延，始自2019年底的这种病毒深刻地改变了人类的生活方式和思考方式。这让我想起晚清李中堂“三千年未有之变局”的精辟论断。改变是世界上永恒不变的主题。养成科学的卫生习惯、社交习惯；尊重他人生活的艰辛、汗水和泪水，这是这次新型冠状病毒肺炎疫情带给人们的启示。我国农村集体土地之承包经营和宅基地利用的私法规则，也应当随着人类生活方式变化以及时代发展而适时调整。

由衷感谢中南财经政法大学法学院徐涤宇教授、胡东海教授、李俊教授、袁中华教授等师友对书稿提出的宝贵意见和建议，感谢湘潭大学法学院廖永安教授、欧爱民教授、连光阳副教授等领导和同事的支持。上海交通大学法学院肖俊教授，厦门大学法学院陈帮锋副教授，以及我的同门、长沙学院法学院韩晗博士等人为本书出版提供了有益帮助，此外，中南财经政法大学法学院2019级硕士研究生袁晋文同学校对了部分内容，一并予以感谢。

当然，我也要感谢我的家人。在2020年初新型冠状病毒肺炎疫情肆虐之时，是他们陪伴我走过孤独和黑暗，让我坚信爱和亲情是对抗病毒、战胜封闭和隔离的最有力的武器。并且，在犬子出生后，他们又全力帮我照顾他的生活起居，让我能够专心投入教学和科研工作。没有他们从未间断的支持和鼓励，我不可能完成书稿的整理、修改工作！最后，本书责任编辑黄琼女士为书稿校对付出了辛劳，对她表示感谢。

滕佳一
2022年7月16日写于湘江长沙段